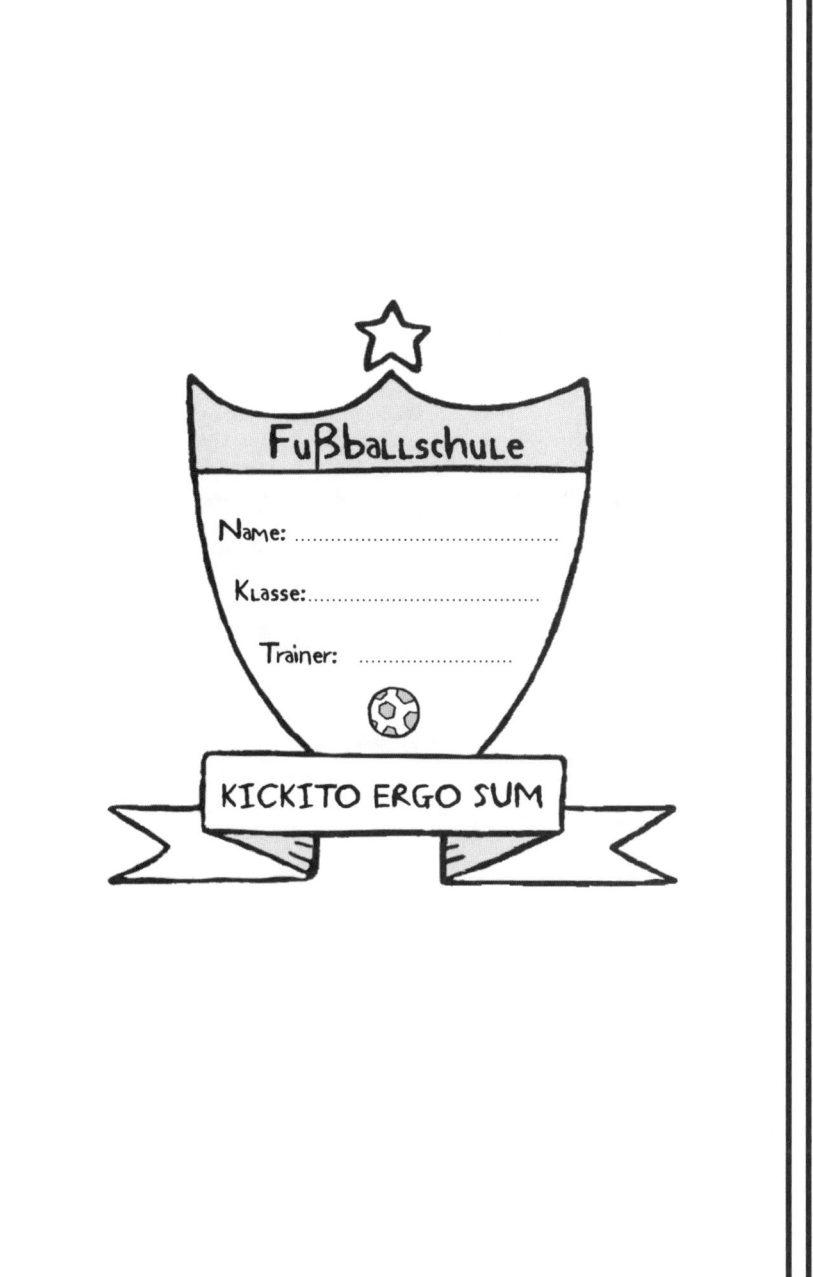

Fußballschule

Name: ....

Klasse: ....

Trainer: ....

KICKITO ERGO SUM

Für Maya, Mittelfeldwunder – A. B.
Für ABC, in Liebe – B. L.

Die Originalausgabe erschien 2016 unter dem Titel
Football School. Where Football Explains the World
bei Walker Books Ltd, 87 Vauxhall Walk, London SE11 5HJ, UK.
Aus dem Englischen von Olaf Bentkämper.

Bibliografische Information der Deutschen Nationalbibliothek:
Die Deutsche Nationalbibliothek verzeichnet diese Publikation in
der Deutschen Nationalbibliografie; detaillierte bibliografische
Daten sind im Internet über http://dnb.d-nb.de abrufbar.

2018 Verlag Die Werkstatt GmbH
Lotzestraße 22a, D-37083 Göttingen
www.werkstatt-verlag.de
Alle Rechte vorbehalten.
Satz und Gestaltung: Die Werkstatt Medienproduktion GmbH, Göttingen
Druck und Bindung: CPI, Leck

ISBN 978-3-7307-0380-9

DIE FUSSBALL SCHULE

WO **FUSSBALL** DIE WELT ~~ERKLÄRT~~ REGIERT

ALEX BELLOS & BEN LYTTLETON

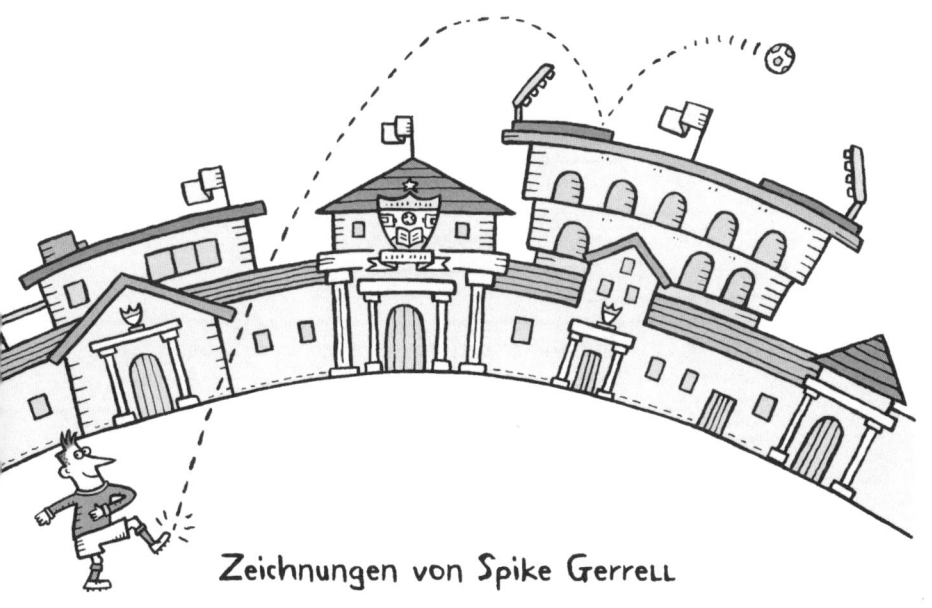

Zeichnungen von Spike Gerrell

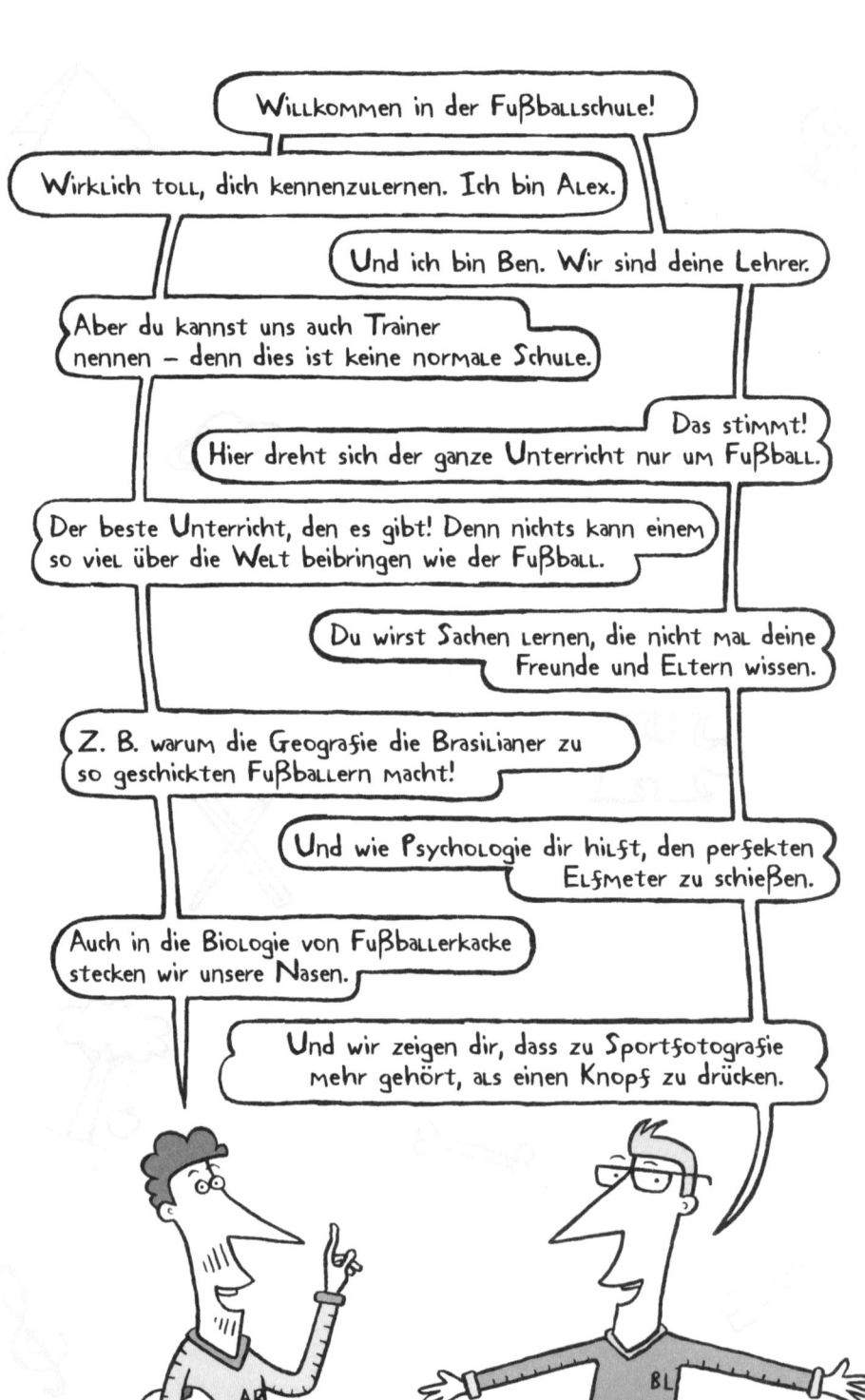

DIE TRAINER STELLEN SICH VOR

ALEX „BELLINHOS" BELLOS

„Tudo bem, amigo?"

☆☆☆ STECKBRIEF

Geburtsort: Oxford, England
Bisherige Wohnsitze: Großbritannien und Brasilien
Wohnort: London, England
Geschwister: zwei jüngere Schwestern
Erste Fußballerinnerung: Schottlands
    Qualifikation für die WM 1978
Schönste Fußballerinnerung: In Rio de Janeiro
    mitzuerleben, wie Brasilien 2002 Weltmeister
    wird
Position: rechtes Mittelfeld
Richtiger Beruf: Schreibt Bücher über Mathe,
    Denksport und brasilianischen Fußball
Traumberuf: Forscher
Lieblingsverein: Paysandu Sport Club (Brasilien)
Kicker-Kumpel: Pelé
Spezialität: Kann echt gut das Einmaleins berechnen.
    Und Ligatabellen. Und Tordifferenzen ...

☆

STECKBRIEF

Geburtsort: London, England
Wohnort: London, England
Geschwister: ein älterer Bruder
Erste Fußballerinnerung: 1981 erstes Panini-Stickeralbum vollgemacht
Tollster Fußballmoment: vor 25.000 Fans einen Elfmeter verwandelt
Lieblingstrikot: AS Rom auswärts, 2014/15
Position: Mittelfeld
Richtiger Beruf: Fußballautor und Journalist, außerdem Experte für Elfmeter
Traumberuf: Fußballprofi
Lieblingsverein: FC Littleton (Midland League Division One)
Kicker-Kumpel: Antonín Panenka
Spezialität: verschießt nie einen Elfmeter

BEN
„THE PEN"
LYTTLETON

„Schiri, Elfer!"

STUNDENPLAN

	MONTAG	DIENSTAG
ANMELDUNG		
1. STUNDE	BIOLOGIE 10–19	ZOOLOGIE 42–53
2. STUNDE	DEUTSCH 20–31	SOZIALKUNDE 54–65
3. STUNDE		GESCHICHTE 66–77
4. STUNDE	MATHE 32–41	
MITTAGSPAUSE		
5. STUNDE	MATHE	PSYCHOLOGIE 78–87

Bist du so schlau wie unsere Klassenbesten?

AB

MITTWOCH	DONNERSTAG	FREITAG
8.30 BIS 8.40 UHR		
WERKEN 88–97	FOTO-AG 132–143	POLITIK 174–185
	WIRTSCHAFTS- KUNDE 144–153	
ERDKUNDE 98–109	MODE 154–163	MUSIK 186–195
THEATER-AG 110–119		
13 BIS 14 UHR		
PHILOSOPHIE 120–131	INFORMATIK 164–173	PHYSIK 196–203

Die Antworten auf die Quizfragen findest du auf Seite 206. Aber nicht schummeln!

BIOLOGIE

Willkommen zur ersten Stunde der Woche in der Fußballschule. Wir fangen an mit dem schönen – und stinkigen! – Thema Kacke.

Fußballer nehmen ihre Verdauung sehr ernst. Sie müssen nicht nur darauf achten, das Richtige zu essen, um fit und gesund zu bleiben, sondern auch darauf, wann sie es zu sich nehmen. Denn schließlich will keiner mitten im Spiel auf die Toilette, wenn 50.000 Menschen ihm zugucken. Fußballprofis planen daher im Voraus, wann sie aufs Klo gehen.

RICHTIGES ESSEN

Du musste zwei Dinge beachten, wenn du deinen Toilettengang planst: Du musst die richtigen Speisen essen, und du musst sie zur richtigen Zeit zu dir nehmen. Fußballer haben besondere Ärzte, sogenannte Ernährungsberater, die darauf achten, dass sie richtig essen. Mahlzeiten, die vor einem Spiel häufig auf den Tisch kommen, sind z. B.:

Huhn mit gekochten Kartoffeln und Karotten

Fisch mit Reis und Brokkoli

Speisen, die man einem Fußballer vor einem Match niemals vorsetzen würde, sind z. B.:

Doppel-Cheeseburger

mit extra Pommes

Donuts

Kartoffeln und Reis werden vor Spielen gereicht, weil sie viele Kohlenhydrate enthalten, die dich mit Energie versorgen. Da man viel Energie braucht, um 90 Minuten hinter dem Ball herzulaufen, nehmen Fußballer gerne Extraportionen Kartoffeln und Reis zu sich.

Fußballer essen außerdem viel Geflügel und Fisch, weil beide viel Eiweiß enthalten, das deinem Körper hilft, Zellen aufzubauen und zu reparieren. Gemüse wie Brokkoli und Karotten stecken voller Vitamine und Mineralien. Diese stärken das Immunsystem deines Körpers, das dich vor Infektionen und Krankheiten schützt.

Cheeseburger, Pommes und Donuts sind sehr fettig. Fett vor einem Spiel ist nicht gut, weil es die Verdauung verlangsamt. Das Essen liegt dir schwer im Magen, was sehr unangenehm ist, wenn du viel laufen musst.

RICHTIGES TIMING

Um zur richtigen Zeit aufs Klo gehen zu können, musst du einplanen, wann du isst. Die Klubs achten darauf, dass ihre Spieler DREI STUNDEN vor einem Spiel essen. Dadurch hat das Essen genug Zeit, den Verdauungsapparat zu durchlaufen.

Der Verdauungsapparat ist der Teil deines Körpers, der das Essen aufnimmt, zerkleinert, die Nährstoffe herauslöst und den Rest schließlich wieder ausscheidet.

Die Reise beginnt damit, dass das Essen durch den **Mund** in den Körper gelangt. Nachdem du es gut gekaut hast, fällt der Essensbrei durch einen langen Schacht namens **Speiseröhre** hinab in den **Magen**. Dort wird er gut durchgerührt, und Chemikalien im Magen spalten das Essen mithilfe anderer Organe, wie der **Leber** und der **Bauchspeicheldrüse**, auf. Danach geht es weiter in **Dünn-** und **Dickdarm**, wo die Nährstoffe ins Blut aufgenommen werden und das, was übrig bleibt, durch **Enddarm** und **After** (deinen Hintern) als Kacke ausgeschieden wird. Bei einem Erwachsenen ist der **Verdauungstrakt** – also Speiseröhre, Magen und Eingeweide – um die neun Meter lang.

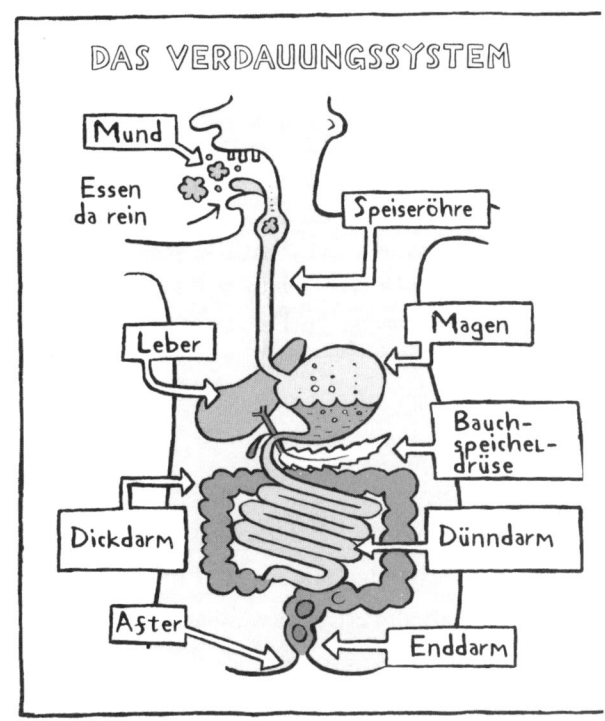

DAS VERDAUUNGSSYSTEM

Mund
Essen da rein
Speiseröhre
Magen
Leber
Bauchspeicheldrüse
Dickdarm
Dünndarm
After
Enddarm

ALLES MUSS RAUS

Bis zum Anstoß ist die Mahlzeit eines Fußballers voll-
ständig zerkleinert, und unverdauliche Reste können jetzt
ausgeschieden werden. Bei einem der größten Klubs der
englischen Premier League gibt es vor jedem Match ein geheimes,
übel riechendes Ritual: Die Spieler gehen in einer festen Reihenfolge
aufs Klo, die sich zum Teil danach richtet, wie lange ein Spieler schon
beim Klub ist. Die dienstältesten Spieler dürfen sich zuerst erleich-
tern – aus offensichtlichen, geruchsbedingten Gründen! Mit leeren
Mägen sind sie dann bereit fürs Match.

Aber wegen der vielen unterschiedlichen Anstoßzeiten ist es nicht
immer einfach, die Essens- und Klozeiten festzulegen. Am Wochenende beginnen die Spiele mittags oder nachmittags, unter
der Woche am Abend.

Unterschiedliche Anstoßzeiten stören
die gewohnte Verdauung der Spieler und
führen häufig zu Problemen.

Klubarzt

STRESS LASS NACH

Es gibt noch einen anderen Grund, warum Fußballer vor einem Spiel
das Klo aufsuchen, egal was sie gegessen haben: Angst.

Wenn man Angst hat, verzieht man sich gern auf die Toilette. Und
vor einem wichtigen Spiel hat ein Fußballer besonders viel Angst. Er
fürchtet sich, schlecht zu spielen und zu verlieren.

Angst schlägt uns buchstäblich auf den Magen. Verantwortlich
dafür ist ein Verhalten, das allen Tieren angeboren ist. Stell dir vor,

du wärst ein Tier, das nichts Böses im Schilde führt, und plötzlich kreuzt ein größeres Tier auf, das ganz offensichtlich auf Streit aus ist. Du musst in Sekundenbruchteilen entscheiden, ob du kämpfen oder lieber das Weite suchen willst. In beiden Fällen müssen deine Muskeln bereit sein. Dein Körper fängt daher an, Blut in sie zu leiten.

Wann immer Menschen Gefahr verspüren oder Angst haben, wie ein Fußballer vor einem Spiel oder ein Schüler vor einer Prüfung, reagieren wir in gleicher Weise. Blut wird in unsere Muskeln geleitet, wir schütten ein Hormon namens Adrenalin aus, und die Chemie unseres Körpers verändert sich, so dass er besonders empfindlich scheint. Das verursacht außerdem Anspannung in unseren Eingeweiden, die für ein flaues Gefühl sorgt und uns davonlaufen lässt … auf die Toilette.

Denke daran: Jeder kann Schmetterlinge im Bauch haben – selbst die berühmtesten Fußballer der Welt. Und manchmal kann trotz aller Planung auch der Toilettengang vor einem Spiel buchstäblich in die Hose gehen.

Der Trainer sagt, ein paar Schmetterlinge im Bauch könnten nicht schaden.

SO EINE KACKE!

VOLLE HOSE

Gary Lineker war einer der besten Stürmer, die England je hatte. Bei der WM 1986 erzielte er sechs Treffer und gewann den Goldenen Schuh als erfolgreichster Torjäger des Turniers. Die WM 1990 fing für ihn aber ziemlich, nun ja, beschissen an. „Ich wollte einen Gegenspieler attackieren, ging zu Boden und entspannte mich und, na ja …", erinnerte sich Lineker an den Moment, als er sich im Spiel gegen Irland buchstäblich in die Hose machte. „Es ging mir nicht besonders gut, in der Halbzeit war mir richtig elend zumute. Zum Glück regnete es, so dass ich es ein bisschen kaschieren konnte, aber es war eine ziemliche Sauerei. Man sieht, wie ich mich wie ein Hund am Boden reibe, um mich ein wenig zu säubern. Das war das Schlimmste, was ich je erlebt habe." Aber die Sache hatte auch ihr Gutes: Die irischen Spieler kamen ihm nicht mehr zu nahe. „Ich hatte nie so viel Platz auf dem Feld wie damals", lachte er.

BREMSSPUR

Es stand 1:1 im Spiel zwischen Mexiko und den USA im August 2011, und es waren nur noch wenige Minuten zu spielen, als sich der mexikanische Mittelfeldspieler Omar Arellano hinunterbeugte, um seine Stutzen zu richten. Als die Fernsehkameras für eine Nahaufnahme heranschwenkten, erwartete die Zuschauer eine Überraschung: ein verdächtig aussehender brauner Fleck auf der Rückseite seiner weißen Shorts, der nun auf der ganzen Welt zu sehen war.

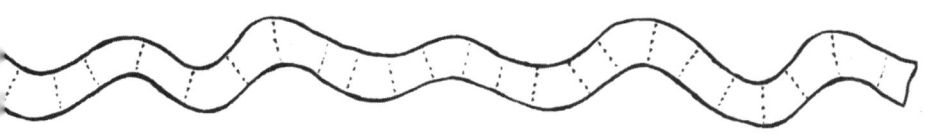

LÄUFT

„Ich bekam damals wegen einer Verletzung zwei Sorten Antibiotika, weswegen mein Magen ziemlich durcheinander war", erinnerte sich der walisische Mittelfeldspieler Robbie Savage an den April 2002, als er mit Leicester City in der Premier League gegen Aston Villa antrat. „Am Spieltag hatte ich üblen Durchfall. Ich musste ziemlich dringend, und die Schiedsrichtertoilette lag am nächsten." Das kam ihn teuer zu stehen: Schiri Graham Poll meldete ihn dem Verband wegen „ungebührlichen Verhaltens", und Savage musste eine Strafe von 10.000 £ bezahlen.

AU BACKE

In einem Spiel der Premier League zwischen Southampton und Everton im Jahr 2013 eilte der englische Flügelspieler Jason Puncheon mitten in der zweiten Halbzeit vom Feld. Ein paar Minuten später kehrte er mit einem erleichterten Grinsen im Gesicht zurück, und die Fans stimmten einen Gesang darüber an, dass er sich aufs Klo verdrückt habe. Als Puncheon ein paar Wochen später sein nächstes Tor erzielte, schien sein Jubel ihren Verdacht zu bestätigen: Er lief zur Eckfahne, bückte sich runter und tat so, als wische er sich den Hintern ab.

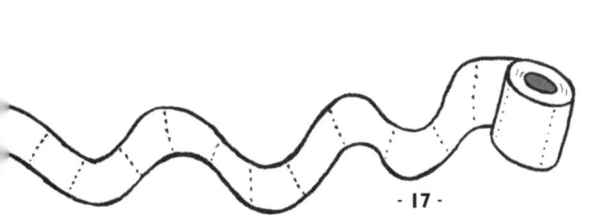

AUF DEN HUND GEKOMMEN

Fußball ist nicht der einzige Sport, bei dem es ums Geschäft geht. Bei Hunderennen heißt es, dass ein Hund, der unmittelbar vor dem Start noch ein Häufchen macht, gewinnen wird. Die Fans achten daher ganz genau darauf, ob sich einer der Hunde schnell noch hinhockt …

BIOLOGIE-QUIZ

1. Welches der folgenden Organe ist nicht Teil des Verdauungsapparats?

a) Speiseröhre
b) Magen
c) Leber
d) Nase ✗

2. Würde man die Eingeweide eines Erwachsenen ausrollen, ergäben sie eine Länge von:

a) der Höhe eines Torpfostens.
b) der Breite eines Tores. ✗
c) der Breite eines Fußballplatzes ✗
d) der Entfernung vom Mittelkreis zur nächsten Toilette.

3. Wie oft furzt eine Person im Schnitt pro 100 Minuten?

a) keinmal
b) einmal ✗
c) zehnmal ✗
d) 100-mal

4. Wobei wurde der brasilianische Stürmer Ronaldo in einem Spiel bei den Olympischen Spielen 1996 erwischt?

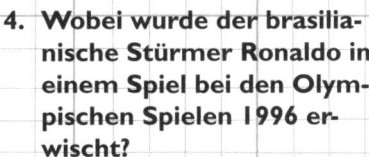

a) Er aß einen Popel.
b) Er furzte einem Gegner ins Gesicht.
c) Er pinkelte aus der Seite seiner Shorts heraus. ✗
d) Er rülpste den Schiri an.

5. Das Wembley-Stadion hat mehr Toiletten als jedes andere Stadion auf der Welt. Wie viele sind es?

a) 418
b) 818 ✗
c) 1.318
d) 2.618 ✗

DEUTSCH

In dieser Lektion geht es um die Sprache des Fußballs. Um Spaß am Spiel zu haben, musst du mitreden können. Kennst du den Unterschied zwischen einem Ausputzer und einem Abstauber? Nein, mit Großreinemachen hat das nichts zu tun.

Die Fußballsprache ist berühmt für ihre **Klischees**. Das sind Redewendungen, die so häufig benutzt werden, dass sie irgendwann total abgegriffen sind, z. B. „Der Ball ist rund." Ein paar davon sind dir vielleicht in unserem Comic aufgefallen.

Heute beschäftigen wir uns mit dem ABC des Fußballs, einem speziellen **Jargon**, den nur Eingeweihte verstehen. Wir erläutern, was es mit einigen dieser Begriffe und Redewendungen auf sich hat und wo sie herkommen. Diese Vokabeln werden dir helfen, tieferen Einblick in das Spiel zu erhalten und zu verstehen, was Spieler und Kommentatoren vor, während und nach den Spielen von sich geben – selbst wenn es nur dummes Zeug ist, was ziemlich häufig der Fall ist!

Alex' und Bens Wörterbuch fürs Klassenzimmer

4-4-2 • eine taktische Formation mit vier Verteidigern, vier Mittelfeldspielern und zwei Stürmern in der Startelf. Torhüter werden nicht genannt, denn es weiß ja jeder, dass sie dabei sind. Das 4-4-2 war im Profifußball lange das meistgespielte System. Heute spielen jedoch viele Teams mit vier Verteidigern, zwei defensiven Mittelfeldspielern, drei offensiven Mittelfeldspielern und einem Mittelstürmer. Dieses System nennt sich 4-2-3-1. ☺

ten reinstellt, was so ziemlich den gleichen Effekt hat, als würde sie einen Bus vor dem Tor abstellen. ☺ ○

Angstgegner • da ist sie schon wieder, die Angst. Sind Fußballer etwa alles Schisshasen? Scherz beiseite, ein Angstgegner ist eine Mannschaft, gegen die man immer zu verlieren scheint oder die einem auf andere Weise Unglück bringt. Ein echter Angstgegner ist z. B. der FC Chelsea für Tottenham Hotspur, das seit 1990 nicht mehr an der Stamford Bridge, der Spielstätte des Londoner Stadtrivalen, gewinnen konnte. ○

den Bus parken • wenn sich eine Mannschaft fast komplett hin-

Catenaccio • eine aus Italien stammende defensive Spielweise, bei der ein zusätzlicher Spieler hinter der Abwehrkette absichert und die Räume eng macht. Wird die Strategie gut umgesetzt, ist für die gegnerische Mannschaft kaum

Schlüsselspieler

➤ Legendäre Fallrückzieher

Klaus Fischer
(**Deutschland** gegen die Schweiz, 1977)
Jean-Pierre Papin
(**Frankreich** gegen Belgien, 1992)
Wayne Rooney
(**Manchester United** gegen Manchester City, 2011)
Zlatan Ibrahimović
(**Schweden** gegen England, 2012)
Lisa De Vanna
(**Sky Blue** gegen Boston Breakers, 2013)

Zeichenerklärung | ☺ = Taktik | ♀ = Herkunft | 🖌 = Technik | ○ = Jargon ein Durchkommen. „Catenaccio" ist italienisch und bedeutet „Türriegel". ☉ ☻

Chancentod • ein Spieler, meistens ein Stürmer, der sich vor dem Tor als hoffnungsloser Fall entpuppt und auch beste Gelegenheiten ungenutzt verstreichen lässt. Siehe auch Knipser. ○

(El) Clásico • meistens verwendet für die Duelle zwischen den spanischen Klubs Real Madrid und FC Barcelona. In spanischsprachigen Ländern wie Argentinien und Mexiko kann es sich generell auf ein

Spiel zwischen zwei rivalisierenden Teams beziehen, die für gewöhnlich aus der gleichen Region stammen. ☻ ○

Derby • ein Spiel zwischen zwei Mannschaften aus der gleichen Region bzw. Stadt. Der Name geht auf den 12. Earl of Derby zurück, der 1780 ein berühmtes Pferderennen in Epsom in der Nähe von London ins Leben rief, das noch heute alljährlich ausgetragen wird. Der Begriff „Derby" bezeichnete zunächst jegliches große sportliche Event, später ein wichtiges Duell zwischen Lokalrivalen. ☻

Fallrückzieher • eine Schusstechnik, bei der ein Spieler sich rück-

lings fallen lässt und den Ball dabei mit einem Bein über dem Kopf trifft. Im Moment des Schusses sieht es so aus, als würde der Spieler in der Luft ein Fahrrad fahren, daher auch die englische Bezeichnung „bicycle kick", übersetzt „Fahrradschuss". Eine Variante ist der Seitfallzieher, bei dem der Ball aber nicht über dem Kopf, sondern seitlich geschossen wird. 🐾

Alex' und Bens Wörterbuch fürs Klassenzimmer

Galácticos • Spanisch für die „Galaktischen". Ursprünglich eine Bezeichnung für die Superstars von Real Madrid, wird sie inzwischen generell für herausragende Spieler verwendet. Der Name soll andeuten, dass diese Stars einen Fußball wie von einem anderen Stern spielen. ○ ◉

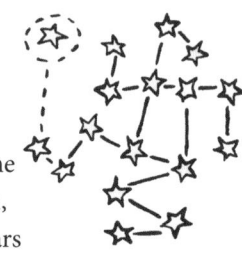

Hattrick • wenn ein Spieler drei Tore in einem Spiel erzielt, spricht man von einem Hattrick. Der Begriff geht zurück auf das Jahr 1858, als es dem Cricket-Spieler H. H. Stephenson gelang, drei aufeinanderfolgende Würfe in drei Wickets umzuwandeln. Die Fans waren so begeistert, dass sie Geld sammelten, um ihm einen Hut („hat") zu kaufen. Der Begriff „Hat-Trick" setzte sich durch und hielt auch in anderen Sportarten Einzug. Von einem lupenreinen

Daten und Fakten

➤ Berühmte Derbys

LAND	RIVALISIERENDE TEAMS	NAME DES DERBYS
England	Manchester United gegen FC Liverpool	North-West Derby
Deutschland	Borussia Dortmund gegen FC Schalke 04	Revierderby
Italien	Inter Mailand gegen Juventus Turin	Derby d'Italia
Österreich	Rapid Wien gegen Austria Wien	Wiener Derby
Türkei	Fenerbahçe gegen Galatasaray	Interkontinentales Derby
Argentinien	Boca Juniors gegen River Plate	Superclásico

➤ Legendäre Klatschen

JAHR	LAND	SIEGER	VERLIERER	ENDSTAND
1885	Schottland	Arbroath	Bon Accord	36:0
1971	Tahiti	Tahiti	Cookinseln	30:0
2001	Australien	Australien	Amerikanisch-Samoa	31:0
2013	Nigeria	Plateau United Feeders	Akurba	79:0

Zeichenerklärung | ◉ = Taktik | ◉ = Herkunft | 🖌 = Technik | ○ = Jargon

Hat-trick spricht man, wenn die drei Tore in einer Halbzeit erzielt werden und dazwischen kein weiteres Tor fällt. ○ ☻

Joker • Spieler, insbesondere Angreifer, die gegen Ende eines Spiels eingewechselt werden und häufig mit späten Toren für die Entscheidung oder eine Wende sorgen. Manche Stürmer sind wahre Spezialisten darin, auf den Platz zu kommen und die gegnerische Verteidigung noch einmal richtig aufzumischen. ○ ☻

Schlüsselspieler

➤ Edeljoker

Roger Milla (Kamerun, 1973–94)
David Fairclough (FC Liverpool, 1975–83)
Ole Gunnar Solskjaer (Manchester United, 1996–2007)
Henrik Larsson (FC Barcelona, 2004–06)
Mohamed Nagy (Ägypten, 2009–)

Klatsche • eine deutliche Niederlage, wie z. B. jenes Spiel aus dem Jahr 2002, in dem der amtierende madagassische Meister SOE Antananarivo gegen AS Adema mit 0:149 unterlag. Diese Partie hält bis heute den Weltrekord für die höchste Niederlage im Profifußball. Die 149 Gegentore erzielte SOE jedoch alle selbst, aus Protest gegen vermeintliche Fehlentscheidungen der Schiedsrichter in den Spielen zuvor. SOEs Trainer wurde nach dem Match für drei Jahre gesperrt. ○

Knipser • ein besonders torgefährlicher Stürmer. Knipser lauern stets im und um den Straf-

Alex' und Bens Wörterbuch fürs Klassenzimmer

raum herum und warten nur darauf, zuschlagen zu können. Solchen Spielern wird zudem häufig ein sogenannter Torriecher unterstellt. Siehe auch Chancentod. ○ ☺

Kracher • kein Knallkörper, sondern ein mit besonderer Spannung erwartetes Match, wie z. B. der Tabellenerste gegen den Zweiten. Auch Spitzenspiel genannt. ○

Matildas • der Spitzname für die australische Frauen-Nationalmannschaft, nach „Waltzing Matilda", dem bekanntesten Lied in Australien und der inoffiziellen Nationalhymne des Landes. ♀ ○

Notbremse • weiß ein Spieler sich nicht anders zu helfen, um den Gegner zu stoppen, zieht er die Notbremse, d. h. er bringt ihn regelwidrig zu Fall. Da diese Maßnahme meistens mit einer Roten

Karte geahndet wird, ist sie das letzte Mittel, um eine Großchance zu vereiteln. ○ ☺

Querpass • wenn der Ball seitwärts in den eigenen Reihen statt nach vorne gespielt wird. Bei kompletter Einfallslosigkeit spricht man auch von Alibipass. ○ 🖐

Rabona • eine besondere Schusstechnik, die durch Überkreuzen der Beine durchgeführt wird. Der

Schlüsselspieler

➤ Rabona-Spezialisten

Cristiano Ronaldo
Neymar
Angel di Maria
Eden Hazard
Erik Lamela

Ball wird dabei mit dem Fuß hinter dem Standbein getreten. Der Name wurde 1948 geprägt, als der Argentinier Ricardo Infante – aus 35 Metern Entfernung – das erste dokumentierte Tor auf diese Weise erzielte. Eine Lokalzeitung wollte in ihrem Spielbericht die Keckheit des Treffers unterstreichen und schrieb, Infante – dessen Name „Kind" bedeutet – habe sich eine „rabona" gegönnt, mit anderen Worten die Schule geschwänzt. Der Begriff blieb hängen. 🔊 🖐

das schöne Spiel • eine Redewendung, die häufig benutzt wird, um Fußball zu beschreiben. Es ist die Übersetzung des portugiesischen „o jogo bonito", das von Alex' Kumpel, dem brasilianischen Fußballer Pelé, berühmt gemacht wurde. 🔊 ○

Schönwetterfan • ein Fan, der seine Mannschaft nur unterstützt, wenn es gut läuft, wie jemand, der nur das Haus verlässt, wenn die Sonne scheint, und ansonsten lieber zu Hause bleibt. Ein Schönwetterfan verkrümelt sich also, sobald für sein Team dunkle Wolken am Horizont auftauchen. ○

Schwalbe • der bewusste Versuch, ein Foul vorzutäuschen, um einen Elfmeter oder Freistoß zu schinden oder einen Platzverweis zu provozieren. Besonders dreiste Vögel werden als „Schwalbenkönig" bezeichnet. In Vollendung vorgetragen, erinnert ihr theatralischer Fall ein wenig an eine Schwalbe im Flug. ○ 🔊

Sechs-Punkte-Spiel • ein Spiel zwischen zwei Mannschaften, die sich in der Tabelle ein Kopf-an-Kopf-Rennen liefern. Besondere Bedeutung kommt solchen Duellen gegen Ende einer Saison zu, wenn es um die Wurst geht, also z. B. Meisterschaft oder Auf- und Abstieg. Der Sieger eines Spiels bekommt bekanntlich drei Punkte, der Verlierer gar keinen. Sind die beiden Teams fast gleichauf, be-

Alex' und Bens Wörterbuch fürs Klassenzimmer

kommt nicht nur der Sieger die drei Punkte, sondern der Unterlegene büßt auch drei Zähler ein, die er gegen einen anderen Gegner hätte holen können. Drei gewonnene Punkte plus drei verwehrte Punkte macht zusammen sechs Punkte. ○

Stehgeiger • ein Spieler, der so wenig läuft wie möglich und sich meist nur in Nähe des Mittelkreises bewegt. In der Regel handelt es sich um technisch versierte Mittelfeldspieler im Herbst ihrer Karriere, die dank ihrer Übersicht für unverzichtbar erachtet werden. ○

Tiki-Taka • eine in Barcelona entwickelte Spielweise mit kurzen, schnellen Pässen und viel Ballbesitz. Der Name leitet sich von der spanischen Bezeichnung für Klick-Klack-Kugeln ab. ☺ ⚲

Todesgruppe • bei großen Turnieren eine Gruppe in der Vorrunde, die so hochkarätig besetzt ist, dass die eine oder andere stark eingeschätzte Mannschaft frühzeitig ausscheidet. ○

tunneln • von „tunneln" spricht man beim Fußball, wenn der Ball durch die Beine des Gegners gespielt wird. ✊ ○

Übersteiger • ein Trick, bei dem ein Spieler den Fuß um den Ball führt, ohne ihn zu berühren, um den Gegenspieler zu verleiten, die Bewegung mitzugehen. Der Argen-

Todesgruppe
FC Gebein
Beelzebub Mönchengladbach
Zombies United
Fortuna Schnitter

Zeichenerklärung | ☺ = Taktik | ⚲ = Herkunft | ✊ = Technik | ○ = Jargon

Daten und Fakten

➤ Was für ein Gurkerl!

Andere Länder haben eigene Bezeichnungen für den frechen Trick, dem Gegenspieler den Ball durch die Beine zu spitzeln.

SPRACHE	BEZEICHNUNG
Arabisch	Brücke
Dänisch	Tunnel
Englisch	Muskatnuss
Finnisch	Stöckchen
Französisch	kleine Brücke
Hebräisch	einfädeln
Italienisch	Tunnel
Koreanisch	ein Ei ausbrüten
Niederländisch	tunneln
Österreichisch	Gurkerl
Portugiesisch (Brasilien)	Stift
Russisch	Loch
Spanisch	Röhre
Türkisch	Wiege

tinier Pedro Calomino, der Anfang des 20. Jahrhunderts für Boca Juniors spielte, soll den Trick erfunden haben. 🖎

Vuvuzela • eine Blechtröte, die einen Heidenlärm macht, wenn man hineinbläst, wie die Fans aus aller Welt spätestens seit der WM 2010 in Südafrika nur allzu gut wissen. ⟳

weiße Weste • wenn eine Mannschaft in einem Spiel kein Gegentor zulässt, sagt man, der Torwart habe eine weiße Weste behalten. ⟳

Zauberschwamm • wird von Teamärzten benutzt, um verletzte Spieler zu behandeln. Dabei handelt es sich um einen ganz normalen

Schwamm ohne magische Kräfte, aber oftmals reicht schon ein bisschen kaltes Wasser, um einem Spieler wieder auf die Beine zu helfen. Kaltes Wasser verringert die Blutzufuhr in die verletzte Region und verhindert so Schwellungen, so dass der Spieler bald weitermachen kann. Keine Zauberei also, trotzdem wird manchmal von Wunderheilung gesprochen. ⟳

VOKABEL-TRAINER

Die unten stehenden Wörter werden für verschiedene Arten
von Schüssen verwendet, von kläglich (Kullerball) bis fulminant
(Hammer). Fallen dir noch mehr ein?

DEUTSCH-QUIZ

1. Welche der folgenden Phrasen beschreibt NICHT den Vorgang, ein Tor zu erzielen?

a) eine Hütte machen
b) den Keeper überwinden
c) auf den Schrank gehen
d) über die Linie drücken

2. Wie lautet die korrekte Redewendung? Der Stürmer hat einen Schuss wie ein ...

a) Reh.
b) Walross.
c) Elefant.
d) Pferd.

3. Was ist eine Bananenflanke?

a) eine besonders misslungene Hereingabe
b) eine Flanke mit stark gekrümmter Flugbahn
c) ein Abschlag, der so hoch ist, dass die Affen in den Bäumen ihn fangen könnten
d) ein Obstsalat

4. Was ist die Schottische Furche?

a) die Narbe, die nach einer rüden Attacke mit offener Sohle zurückbleibt

b) die Sorgenfalte, die sich auf der Stirn des schottischen Nationaltrainers bildet
c) eine inzwischen überholte taktische Formation mit zwei Verteidigern, drei Mittelfeldspielern und fünf Stürmern, also ein 2-3-5
d) ein Graben, der quer durch Glasgow verläuft und die Celtic-Fans von den Rangers-Fans trennt

5. Warum wird die „La Ola"-Welle, die durch Stadien auf der ganzen Welt brandet, manchmal auch „mexikanische Welle" genannt?

a) An Mexikos Stränden gibt es besonders hohe Wellen.
b) Weil sie so scharf essen, können Mexikaner einfach nicht stillsitzen.
c) Sie wurde durch die WM 1986 in Mexiko weltweit bekannt.
d) In Mexiko-Stadt gibt es unzählige Kreisverkehre.

MATHE

Taschenrechner raus! In dieser Stunde stellen wir ein paar Berechnungen an.

Wir wollen herausbekommen, wie groß die Wahrscheinlichkeit ist, dass du während eines Fußballspiels stirbst – auf dem Platz können dir nämlich ein paar ziemlich gefährliche Dinge widerfahren.

Du könntest vom Blitz getroffen werden.

Du könntest von einem Torpfosten erschlagen werden.

Du könntest gegen eine Mauer am Spielfeldrand rennen.

Du könntest ein Tor schießen, mit einem Salto feiern und so unglücklich aufkommen, dass du dir das Kreuz brichst.

Auf all diese Arten sind tatsächlich schon Fußballer ums Leben gekommen. Wir möchten natürlich nicht, dass es einen von euch in der Fußballschule erwischt, also versuchen wir herauszufinden, wie gefährlich Fußball wirklich ist. Wir erfahren außerdem, was das größte gesundheitliche Risiko für Fußballer ist und was dagegen unternommen wird.

Spielt also nur zur Sicherheit besser nicht bei Gewitter, prüft die Torpfosten, rennt nicht gegen Mauern und übt schön eure Saltos.

WIE STEHEN DIE CHANCEN?

Um zu ermitteln, wie hoch die Wahrscheinlichkeit ist, beim Fußballspielen zu sterben, müssen wir errechnen, wie viele Menschen bisher beim Fußballspielen gestorben sind, und die Summe dann durch die Gesamtzahl der Menschen teilen, die je Fußball gespielt haben.

Das ist Mathematik, also können wir das Ganze als **Gleichung** aufschreiben:

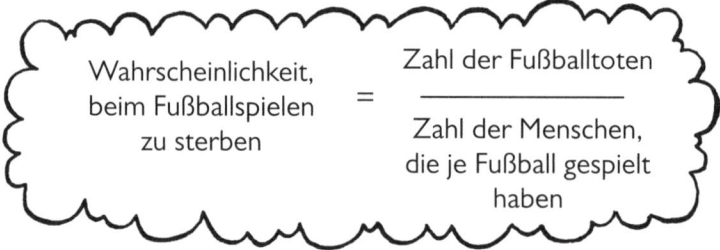

$$\text{Wahrscheinlichkeit, beim Fußballspielen zu sterben} = \frac{\text{Zahl der Fußballtoten}}{\text{Zahl der Menschen, die je Fußball gespielt haben}}$$

Ein Kinderspiel! Na ja, nicht ganz. Wir können unmöglich wissen, wie viele Menschen beim Fußballspielen gestorben sind, da niemand Buch darüber geführt hat.

Die Universität Hamburg hat aber alle Menschen der Stadt gezählt, die im Zeitraum von zehn Jahren beim Sport gestorben sind. Wir werden diese Daten nutzen, um auszurechnen, wie hoch das jährliche Risiko für einen Menschen ist, beim Fußballspielen zu sterben.

Die unten stehende Tabelle gibt die Zahl der Todesfälle in unterschiedlichen Sportarten an, die zwischen 1997 und 2006 in Hamburg aufgetreten sind, einer Stadt mit 1,7 Millionen Einwohnern. Tischtennis verzeichnete die wenigsten Todesfälle, Schwimmen die meisten, und Fußball liegt in der Mitte.

SPORT	ZAHL DER TODESFÄLLE ZWISCHEN 1997 UND 2006
Tischtennis	7
Reiten	10
Tennis	15
Fußball	17
Laufen	18
Radfahren	19
Schwimmen	31

Um die Wahrscheinlichkeit zu ermitteln, in Hamburg beim Fußballspielen zu sterben, müssen wir 17 – die Zahl der Fußballtoten –
durch die Gesamtzahl der Hamburger teilen, die in diesen zehn Jahren Fußball gespielt haben.

Aber wie finden wir heraus, wie viele Hamburger Fußball spielen? Der FIFA zufolge spielt jeder fünfte Deutsche Fußball. Wir können daher davon ausgehen, dass auch ein Fünftel der Bevölkerung
Hamburgs in diesem Zeitraum Fußball gespielt hat. Das
wäre dann ein Fünftel von 1,7 Millionen, also:

$$1.700.000 \div 5 = 340.000$$

Nun können wir zur Gleichung zurückkehren und
unsere Berechnung anstellen.

Über Hamburg können wir für den Zeitraum zwischen
1997 und 2006 sagen:

$$\text{Wahrscheinlichkeit, beim Fußballspielen zu sterben} = \frac{\text{Zahl der Fußballtoten}}{\text{Zahl der Menschen, die Fußball gespielt haben}} = \frac{17}{340.000}$$

Wenn wir den Bruch kürzen, erhalten wir:

$$= \frac{1}{20.000} \text{ oder } 1 \text{ von } 20.000$$

In den zehn Jahren von 1997 bis 2006 ist also einer von 20.000 Hamburgern beim Fußballspielen gestorben. Wir möchten die Wahrscheinlichkeit wissen, im Laufe eines einzigen Jahres beim Fußballspielen zu sterben. Das entspricht einem Zehntel der Wahrscheinlichkeit, im Zeitraum von zehn Jahren zu sterben. Ein Zehntel von 1/20.000 ist 1/10 x 1/20.000 = 1/200.000 oder 1 von 200.000.

Damit haben wir die Antwort! Wir haben errechnet, dass die Wahrscheinlichkeit, in Hamburg zwischen 1997 und 2006 im Laufe eines Jahres beim Fußballspielen zu sterben, 1 von 200.000 war.

Wir können davon ausgehen, dass diese Zahl in etwa gleich geblieben ist, denn sie liegt noch nicht lange zurück. Und da die Lebensweise in Hamburg sich von derjenigen im übrigen Deutschland nicht groß unterscheidet, können wir verallgemeinern und sagen, dass die Wahrscheinlichkeit, in Deutschland im Laufe eines Jahres beim Fußballspielen zu sterben, etwa 1:200.000 beträgt.

Das ist jedoch nicht *deine* Wahrscheinlichkeit, beim Fußballspielen zu sterben. Der Wert von 1:200.000 bezieht sich auf *alle* Menschen, Jung und Alt, Amateure und Profis, dick und dünn. Die Hamburger Studie ergab, dass die meisten Fußballtoten an einem Herzinfarkt gestorben sind. Am stärksten gefährdet waren untrainierte Erwachsene, deren Herzen den Anstrengungen nicht gewachsen waren. Wenn du jung und gesund bist, ist die Gefahr, beim Fußballspielen einen Herzinfarkt zu erleiden, sehr, sehr gering.

Und die Gefahr, vom Blitz getroffen oder von einem fallenden Torpfosten erschlagen zu werden, ist sogar noch geringer.

GEBROCHENE HERZEN

Es gibt einige wenige Fälle von Fußballern, die unter einem schwachen Herzen litten. 2003 brach der kamerunische Mittelfeldspieler Marc-Vivien Foé im Halbfinale des Confederations Cup gegen Kolumbien auf dem Platz zusammen und starb. Wie sich herausstellte, hatte Foé unter einer Herzerkrankung gelitten, die sein Leben lang unentdeckt geblieben war.

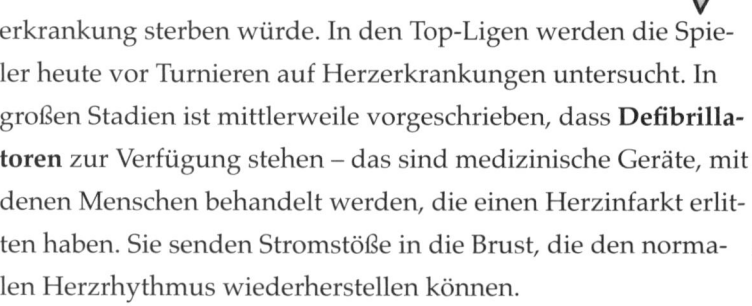

Infolge von Foés Tod ergriff die FIFA Sicherheitsmaßnahmen, damit nie wieder ein Profi an einer unentdeckten Herzerkrankung sterben würde. In den Top-Ligen werden die Spieler heute vor Turnieren auf Herzerkrankungen untersucht. In großen Stadien ist mittlerweile vorgeschrieben, dass **Defibrillatoren** zur Verfügung stehen – das sind medizinische Geräte, mit denen Menschen behandelt werden, die einen Herzinfarkt erlitten haben. Sie senden Stromstöße in die Brust, die den normalen Herzrhythmus wiederherstellen können.

Diese neuen Maßnahmen haben bereits ein Leben gerettet. 2012 spielte Mittelfeldspieler Fabrice Muamba von den Bolton Wanderers im englischen Pokal gegen Tottenham Hotspur. Nach 43 Minuten brach er plötzlich zusammen. Sein Herz hatte aufgehört zu schlagen. Dies nennt sich **plötzlicher Herzstillstand** und tritt ein, wenn das Herz aufhört, Blut durch den Körper zu pumpen. Er war 23 Jahre alt.

Die medizinische Abteilung eilte Muamba zu Hilfe und leitete umgehend eine **Herz-Lungen-Wiederbelebung** ein. Dabei wird Druck auf den Brustkorb ausgeübt, um künstlich weiter Sauerstoff durch den Körper zirkulieren zu lassen. Die Mediziner nutzten außerdem die Defibrillatoren, die im Stadion bereitstanden. Muambas Herz stand 78 Minuten lang still, ehe es wieder zu schlagen begann. Dr. Andrew Deaner, ein Spurs-Fan, der im Stadion war, eilte auf den Platz, um zu helfen. Anschließend behandelte er Muamba im Londoner Chest Hospital, wo er arbeitete. Muamba dankte Deaner, und ausnahmsweise waren einmal alle zufrieden – sogar die Spurs-Fans.

EIN BISSCHEN SPASS MUSS SEIN

Es gibt auch harmlosere Arten, in der Fußballschule über Mathe zu reden. Alex entwickelte seine Vorliebe für Zahlen, als er in der Schule Ligatabellen studierte und die Tordifferenzen zwischen Mannschaften ausrechnete.

Einen Schritt weiter ging die rumänische Nationalmannschaft in einem Freundschaftsspiel gegen Spanien. Die Spieler trugen Rechenaufgaben auf dem Rücken, und die Ergebnisse entsprachen ihren normalen Trikotnummern. Der Spieler, der normalerweise die 6 trug, trug diesmal $2 + 2 + 2$. Der Spieler, der mit $46 : 2$ auflief, hatte sonst die 23, und die Nummer 14 war diesmal 2×7. Der Präsident des rumänischen Verbandes, Răzvan Burleanu, sagte, die Idee dahinter sei gewesen, Kindern einmal auf andere Weise Mathematik nahezubringen. Guter Einfall, Răzvan! Du kannst jederzeit in unserer Fußballschule unterrichten!

IVÁN DER PFIFFIGE

Bei Inter Mailand hatte der chilenische Stürmer Iván Zamorano 1998 eine ähnliche Idee, als er seine bevorzugte Trikotnummer an seinen brasilianischen Teamkollegen Ronaldo abtreten musste. Ronaldo bekam die 9, aber Zamorano wollte seine Nummer unbedingt behalten. Also trug er die 18, ließ vom Hersteller aber ein kleines Pluszeichen zwischen den Ziffern einnähen – also 1 + 8 = 9. Pfiffig, Iván!

STECKBRIEF

Knochenbrüche: 24
Krankenhausaufenthalte: 312
Jährliche Ausgaben für Gips: 2.500 €
Lieblingsnummer: 112
Geburtsort: Bruchsal, Deutschland
Lieblingsverein: CE l'Hospitalet (Spanien)
Lieblingsspieler: Luís Boa Morte (der Nachname ist portugiesisch und bedeutet „guter Tod")
Spezialität: wickelt den Gegner ein

KLASSEN BESTE

MARIE PECH

99 Hals- und Beinbruch 66

MATHE-QUIZ

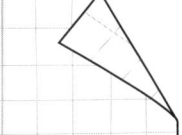

1. **In welcher Sportart kommt es laut der in diesem Kapitel erwähnten Studie zu den meisten Todesfällen?**

   a) Schwimmen
   b) Laufen
   c) Reiten
   d) Tischtennis

2. **Wenn die Wahrscheinlichkeit für etwas 4 von 20 beträgt, ist dies das Gleiche wie:**

   a) 1 von 3.
   b) 1 von 4.
   c) 1 von 5.
   d) 1 von 20.

3. **Warum trug der chilenische Stürmer Iván Zamorano die Trikotnummer 18?**

   a) Er wechselte 18-mal im Jahr die Frisur.
   b) Er schoss 18 Tore in seiner ersten Profisaison.
   c) Er wollte die Nummer 9 tragen, und $1 + 8 = 9$.
   d) Er ist 1918 geboren.

4. **Welche Trikotnummer durfte der marokkanische Stürmer Hicham Zerouali tragen, als er 2000 für den schottischen Klub Aberdeen spielte?**

   a) 0
   b) 1
   c) 1000
   d) unendlich

5. **Was tat der Schiedsrichter, als der kroatische Verteidiger Goran Tunji 2010 in einem Fünftligaspiel nach einer Herzattacke zusammenbrach?**

   a) Er machte Mund-zu-Mund-Beatmung.
   b) Er verwarnte ihn wegen einer Schwalbe.
   c) Er fragte, ob Ärzte im Stadion sind.
   d) Er trug ihn vom Feld und ließ weiterspielen.

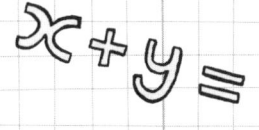

Jetzt aber genug vom Tod! Hier in der Fußballschule beschäftigen wir uns lieber mit dem Leben in all seinen Facetten – vor allem mit Tieren. Ben hat einen Hund, mit dem er jeden Tag im Park herumläuft. Alex hat kein Haustier, kann aber herumhampeln wie ein Affe.

In dieser Stunde sprechen wir über Vereine und ihre Maskottchen, also die Tiere, die der Mannschaft Glück bringen sollen. Wir interessieren uns vor allem für echte, lebendige Tiere und weniger für Maskottchen, die nur Kostüme mit Menschen darin sind. Viele Vereine haben leibhaftige Tiere als Maskottchen. Ihr Job ist riskant, wie wir sehen werden.

NIX ZU MECKERN

Ein Geißbock in einem schicken roten Umhang trottet ins Stadion des 1. FC Köln. Die Fans jubeln und machen Fotos. Das prachtvolle Tier heißt Hennes VIII. und ist das Maskottchen der Kölner. Es schaut jedem Heimspiel von seinem Plätzchen an der Eckfahne aus zu.

Hennes ist der berühmteste Geißbock in Deutschland. Nun ja, streng genommen ist er wohl auch der einzige berühmte Geißbock in Deutschland!

Als Geißbock bezeichnet man eine männliche Ziege. Ziegen werden hauptsächlich wegen ihrer Milch gehalten, die wiederum zu Käse verarbeitet wird. In Afrika, Asien und der Karibik ist aber auch Ziegenfleisch eine Spezialität – erzähl das bloß nicht Hennes!

Bei den Spielen steht Hennes neben seinem Betreuer Ingo Reipka, der ihn an einer kurzen Leine hält. Der Bock mampft Karotten und

Brot und manchmal auch den heiligen Rasen. „Hin und wieder frisst er das Gras", verrät Reipka. Hennes wird ein bisschen unruhig, wenn der Schiedsrichter-Assistent an ihm vorbeirennt. Er mag es auch nicht besonders, wenn sich das Spielgeschehen in seine Nähe verlagert. Er hat nämlich ein bisschen Angst vor dem Ball.

Der nigerianische Stürmer Anthony Ujah bekam mal ziemlichen Ärger wegen Hennes. Als er ein Tor für Köln erzielt hatte, rannte er an die Eckfahne und zog Hennes an den Hörnern. Aua! Reipka musste das arme Tier beruhigen. Ujah entschuldigte sich später reumütig: „Sorry, Hennes!"

Das Maskottchen heißt Hennes VIII., weil er der achte Geißbock namens Hennes ist, der in Köln dieses wichtige Amt bekleidet. Die Tradition nahm 1950 ihren Anfang, als ein Zirkusdirektor dem Verein einen Geißbock als Glücksbringer schenkte. Die Kölner tauften ihn nach Hennes Weisweiler, dem damaligen FC-Trainer.

Ziegen haben eine Lebenserwartung von etwa 15 Jahren. Als der erste Hennes starb, wurde er von Hennes II. ersetzt und der wiederum von Hennes III. und so weiter. 2008 wurde Hennes VIII. das neue Maskottchen der Kölner nach einer Umfrage unter den Fans, die unter vier Kandidaten wählen konnten.

Der berühmteste Kölner Geißbock war Hennes VII., der im Fernsehen auftrat, einmal sogar als Mordopfer in einem Krimi. Früher reiste Hennes mit den Spielern im Mannschaftbus, aber es ist sicherer, wenn sein Betreuer ihn selbst zu den Spielen mitnimmt. Hennes VIII. lebt heute mit seiner Lieblingsgeiß Anneliese in einer Holzhütte im Kölner Zoo. Die Hütte hat einen Kamin, der mit Heu gefüllt ist, und an den Wänden hängen Kölner Fahnen und Fotos.

Die Tradition erwies sich als so populär, dass Hennes sogar auf dem Vereinswappen verewigt wurde. In ganz Deutschland sind die Kölner unter ihrem Spitznamen „Geißböcke" bekannt.

KOMMT EIN BOCK IN DIE KNEIPE ...

Köln ist nicht der einzige Fußballverein mit einer gehörnten Geschichte. Vor über 100 Jahren hatte Manchester United eine Ziege als Maskottchen. Verteidiger Charlie Roberts hatte das Tier 1906 vom Direktor der Wanderbühne Benson's geschenkt bekommen. Keiner weiß, warum. Bis dahin war ein Hund namens Major Uniteds Maskottchen gewesen. Der wurde nun aber von Billy abgelöst. Vor jedem Spiel wurde er über den Rasen geführt. Nach manchen Spielen ging Billy sogar mit den Spielern in die Kneipe und feierte Siege mit einem Gläschen. Billys letzter Auftritt war das Pokalfinale 1909, in dem Manchester United mit 1:0 gegen Bristol City gewann. Nach dem Match ging er erneut mit den Spielern feiern, verstarb wenig später aber an einer Alkoholvergiftung. Vermutlich hatte er zu viel Bier oder Champagner getrunken. Das war das letzte Mal, dass Manchester United ein lebendiges Tier zum Maskottchen hatte. Hicks!

TOD EINER EULE

Wie das Beispiel Billy zeigt, kann Maskottchen ein ziemlich gefährlicher Job sein. 2011 ging es in einem Spiel in der kolumbianischen Liga drunter und drüber, nachdem Verteidiger Luis Moreno bezichtigt worden war, eine Eule „ermordet" zu haben. Die Eule, die unter dem Stadiondach lebte, war das Maskottchen von Atlético Junior aus Barranquilla. Sie war vom Ball getroffen worden und lag mit einem verletzten Bein auf dem Rasen. Moreno, der wollte, dass das Spiel weiterging, trat das Tier mit dem linken Fuß in Richtung Seitenlinie. Die Fans skandierten aufgebracht „Mörder, Mörder!". Für die Eule

kam jede Hilfe zu spät. Moreno entschuldigte sich anschließend „beim gesamten kolumbianischen Volk" und erhielt im heimischen Zoo eine Lehrstunde zum Thema Eulen. Er gelobte, einmal im Monat den Zoo zu besuchen, um auszuhelfen.

ie Ohrenöffnungen vieler Eulen-ten sitzen asymmetrisch am Kopf, d. h. das eine Ohr sitzt höher als das andere. Dadurch hören die Tiere besonders gut.

Eulen haben drei Augenlider: eins zum Blinzeln, eins zum Schlafen und eins, um das Auge sauber und gesund zu halten.

Den typischen Huhu-Ruf machen alle Eulen, aber manche können auch andere Laute von sich geben. Die Schleiereule zischt z. B., wenn sie sich fürchtet.

DIE ADLER SIND GELANDET

Apropos Vögel: Wusstest du, dass das häufigste Tier-Maskottchen von Fußballvereinen der Adler ist?

Der Adler gilt aufgrund seiner Geschicklichkeit und imposanten Erscheinung schon seit der Antike als ein Symbol für Stärke, Überlegenheit und Tapferkeit.

Adler sind Raubvögel, was bedeutet, dass sie andere Tiere töten und fressen. In der Regel sind sie auf kleine Säugetiere wie Kaninchen und Mäuse aus, aber sie können auch Wölfe und Füchse töten.

Adler sind schnelle Vögel. Sie können Geschwindigkeiten bis zu 90 km/h und im Sturzflug sogar 160 km/h erreichen, sind also schneller als manche Autos auf der Autobahn! Auch ihre Augen sind erstaunlich. Wir Menschen haben Augen vorne im Gesicht und können somit nur nach vorne schauen. Adler haben ihre Augen jedoch an der Seite des Kopfes und können nach vorne, zur Seite und sogar fast nach hinten blicken. Darüber hinaus ist ihr Sehvermögen rund viermal so gut wie unseres. Sie können ein Kaninchen aus über anderthalb Kilometern erspähen. Deswegen sagen wir über jemanden, der besonders gut beobachten kann, er habe „Adleraugen".

Ein Experte verriet uns, dass der Adler aufgrund seines Schnabels so majestätisch aussieht. Kein Wunder also, dass der Adler seit jeher als der „König der Lüfte" bezeichnet wird.

Kickito ergo sum.

MAJESTÄTISCHER VOGEL

Im alten Rom stand der Adler für Macht, Freiheit, Weisheit und Aristokratie. Jeder Verband von Soldaten in einer antiken römischen Armee trug eine **Standarte** mit einem Adler darauf, was so etwas Ähnliches wie ein Maskottchen war. Die Standarte zu verlieren, war für die Armee gleichbedeutend mit einer Niederlage.

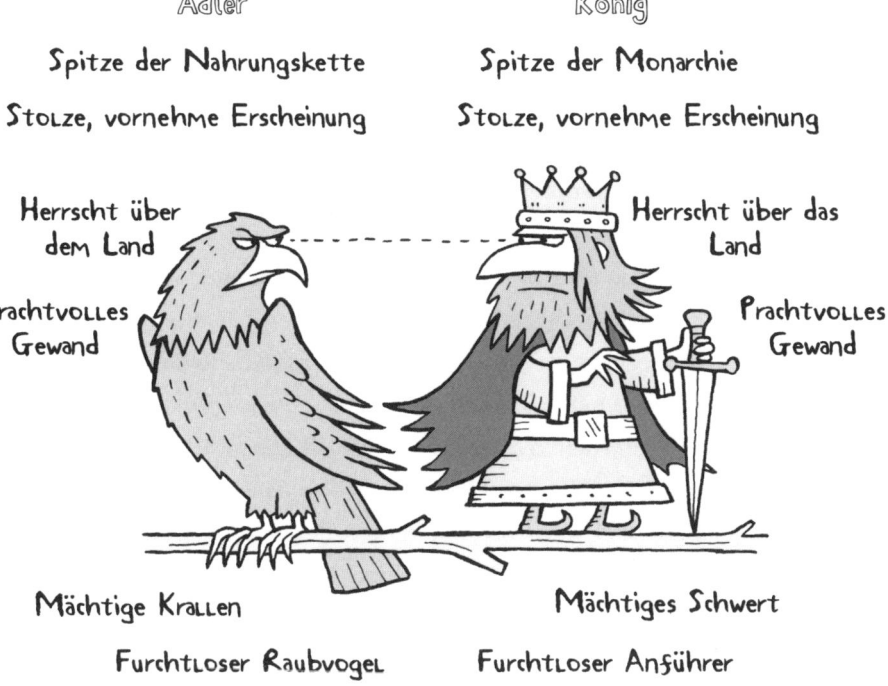

Adler

Spitze der Nahrungskette

Stolze, vornehme Erscheinung

Herrscht über dem Land

Prachtvolles Gewand

Mächtige Krallen

Furchtloser Raubvogel

König

Spitze der Monarchie

Stolze, vornehme Erscheinung

Herrscht über das Land

Prachtvolles Gewand

Mächtiges Schwert

Furchtloser Anführer

Deswegen hat der italienische Verein Lazio, der in Rom zu Hause ist, einen Adler im Wappen und lässt vor seinen Heimspielen einen leibhaftigen Adler namens Olimpia durchs Stadion fliegen. „Der Adler ist sehr wichtig für uns, er ist unsere Geschichte", erklärte Lazio-Präsident Claude Lotito. Olimpia lebt am Trainingsgelände des Klubs und erhält regelmäßig Besuch von Lazio-Fans und -Spielern.

FÜNF BERÜHMTE ADLER-MASKOTTCHEN
Olimpia (Lazio, Italien)
Victory (Benfica, Portugal)
Celeste (Club America, Mexiko)
Kayla (Crystal Palace, England)
Attila (Eintracht Frankfurt, Deutschland)

Der Gebrauch des Adlers als Symbol für Freiheit hat sich vom alten Rom aus über die ganze Welt verbreitet. 1782 wählten die USA den Weißkopfseeadler, der nur in Nordamerika vorkommt, zu ihrem Wappenvogel. Heute verwenden manche amerikanische Ureinwohner Adlerfedern als Kopfschmuck, da sie glauben, dass sie religiöse und spirituelle Bedeutung haben.

1904 war der portugiesische Verein Sport Lisboa, aus dem später Benfica wurde, einer der ersten Klubs, die einen Adler im Wappen zeigten. Andere Teams taten es ihnen bald gleich. 1973 änderte Crystal Palaces extravaganter Trainer Malcolm Allison den Spitznamen des Klubs von „Die Glaser" zu „Die Adler" – denn Benfica war damals einer der besten Vereine in Europa. Heute gibt es eine Menge Teams, die als „Die Adler" bekannt sind.

FÜNF BERÜHMTE ADLER-TEAMS
Schwarze Adler (Beşiktaş, Türkei)
Grüne Adler (Ferencváros, Ungarn)
Kleine Adler (Pirin Blagoewgrad,
Bulgarien)
Violette Adler (Argeş Piteşti, Rumänien)
Die Adlerjungen (Nizza, Frankreich)

KAYLA, DER ADLER

Crystal Palaces neuer Spitzname setzte sich durch, und der Adler
wurde als neues Maskottchen angenommen. In Gefangenschaft
können Adler bis zu 50 Jahre alt werden. Kayla, das derzeitige Maskottchen von Crystal Palace, ist Mitte 20. Ihm bleiben also noch ein
paar Jahre, um vor Spielen und zur Halb-
zeit durchs Stadion zu fliegen. Kayla ist
ein Weibchen und kam in Kanada zur Welt.
2010 siedelte sie nach England über und wurde
zum Maskottchen der Londoner.

Wir scheuten weder Kosten noch
Mühen, um euch spannende Geschichten zu liefern, daher sprachen
wir mit ihrem Betreuer Alan Ames.
Er erzählte uns, dass Kayla mit
ihrer Spannweite von zwei
Metern einen imposanten
Anblick bietet. Man sollte sie
aber stets im Auge behalten: Manchmal hinterlässt sie ein besonde-
res Souvenir auf den Köpfen der Gästefans. Als die Millwall-Fans
einmal „Du bist nur eine Taube!" skandierten, sauste sie hinab und
hätte einem Fan beinahe die Mütze vom Kopf geschnappt.

Ames sagt, dass die Menschenmassen Kayla nichts ausmachen,
starke Winde aber schon. Vor einem Spiel wurde sie von einer mäch-
tigen Bö aus dem Stadion getragen und ging kurzzeitig verloren.
Zum Glück trug sie einen Peilsender, und ihr Betreuer spürte sie
bald wieder auf.

Kayla trifft sich liebend gern mit Fans. Mit den beiden anderen
Maskottchen von Palace, Pete und Alice – zwei Erwachsene in Ad-
lerkostümen –, kann sie allerdings wenig anfangen. „Für sie sind das
nur Deppen in albernen Kostümen, und meistens ignoriert sie sie
einfach", sagte Ames. „Sie weiß, dass sie der Boss ist."

KAYLA HAT DAS WORT

Natürlich haben wir uns die Chance nicht entgehen lassen, den berühmtesten Adler im Fußball zu interviewen. (Als Dolmetscher diente uns Alan, der, wie er sagte, Adlerisch spricht.)

Lieblingsspieler?

> Der Torhüter, weil er auch fliegen kann.

Lieblingsband?

> Kings of Leon. Bei denen war ich auf dem Albumcover.

Was hältst du von Menschen?

> Arme Irre. Ich arbeite nur acht Minuten am Tag.

Lieblingssong?

> „Fly like an eagle"

KLASSEN BESTE

ANNE MEISE

99 Nur Fliegen ist schöner 66

☆☆☆ **STECKBRIEF**

Haustiere: 286
Anzahl der Haustierbeine: 1.427
(inklusive Sammy, der siebenbeinigen Spinne)
Spannweite: 150 cm
Höchste Pfeiffrequenz: 46 kHz
Geburtsort: Finkenwerder, Deutschland
Lieblingsverein: VfL Wolfsburg (Deutschland)
Lieblingsspieler: Arjen Robben
Spezialität: redet, wir ihr der
☆ Schnabel gewachsen ist

ZOOLOGIE-QUIZ

1. Welcher dieser Vögel ist ein Raubvogel?

a) Huhn
b) Flamingo
c) Adler
d) Amsel

2. Von welchem Tier stammen alle Hunde ab?

a) Wolf
b) Mammut
c) Kaninchen
d) Fuchs

3. Drei dieser Länder haben einen Adler auf ihrer Nationalflagge. Das vierte hat ein anderes geflügeltes Tier. Welches Land ist es und welches Tier?

a) Albanien
b) Mexiko
c) Wales
d) Ägypten

4. Wie lautet der Name des geflügelten Maskottchens des kanadischen Klubs FC Toronto?

a) Bitchy, der Habicht
b) Freddy, der Falke
c) Ticker, der Hahn
d) Stolly, das Einhorn

5. Welcher Klub hat den Spitznamen „Affenhänger", nachdem die Menschen in dessen Stadt Anfang des 19. Jahrhunderts einen Affen aufhängten, weil sie glaubten, er sei ein französischer Spion?

a) Scunthorpe United
b) Hartlepool United
c) Crewe Alexandra
d) Plymouth Argyle

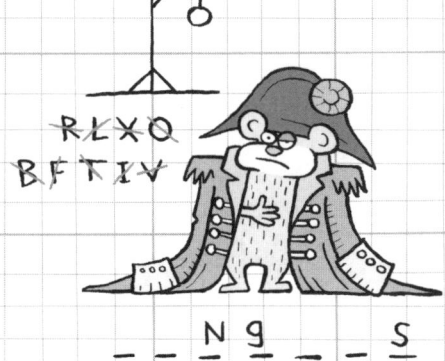

R L X Q
B F T I V

_ _ _ N g _ _ S

SOZIALKUNDE

B ist du ein Einzelkind? Hast du Brüder oder Schwestern? Falls ja, bist du der Älteste, der Jüngste oder irgendwo dazwischen? Und was hat das alles mit Fußball zu tun? Ziemlich viel sogar!

In dieser Stunde geht es um den Einfluss, den unsere Familien auf unsere fußballerischen Fähigkeiten haben. Mama und Papa spielen natürlich eine Rolle – aber auch Brüder und Schwestern. Denn ob du zuerst oder zuletzt geboren wurdest, hat durchaus einen Einfluss darauf, welche Chancen du hast, als Fußballer Karriere zu machen.

Noch eine letzte Frage: Wann hast du Geburtstag? Auch das ist wichtig für deine Laufbahn als Fußballer. (Außerdem wollen wir dir eine Geburtstagskarte schicken.)

FAMILIENBANDE

Brüder und Schwestern können echt ganz schön nerven. Aber ob du es glaubst oder nicht, wenn du Fußballprofi werden möchtest, können sie auch ziemlich nützlich sein.

Das liegt daran, dass deine Geschwister wahrscheinlich viel zu Hause sind. Wenn du kicken willst, hast du also immer Spielkameraden. Und je mehr du übst, desto besser wirst du.

Schauen wir uns zum Beispiel den französischen Mittelfeldspieler Paul Pogba und seine älteren Zwillingsbrüder Florentin und Mathias an. „Ich sagte Paul, dass er seine Zeit damit verschwendet, mit Kindern in seinem Alter zu spielen", erinnerte sich Florentin, der zwei Jahre älter ist. „Es war nicht einfach für ihn, aber es hat seinen Charakter entwickelt. Manchmal kam er weinend nach Hause, weil wir stärker waren als er, aber es half ihm, sich zu verbessern."

Mathias ergänzte: „Paul als der Jüngste wollte so sein wie wir. Wir sagten ihm: ‚Komm und spiel mit uns, und du wirst dich schneller entwickeln und stärker werden.' Schaut ihn euch heute an. Es hat funktioniert." Paul wurde schließlich besser als seine Brüder und einer der Leistungsträger der französischen Nationalmannschaft. Florentin und Mathias spielen für Guinea, das afrikanische Land, in dem ihr Vater geboren wurde.

KLEINE QUÄLGEISTER

Wie das Beispiel Paul Pogba zeigt, ist es manchmal hilfreich, ältere Geschwister zu haben, denn du bist gezwungen, auf ihrem Niveau zu spielen. Einige der besten Stürmer der Welt haben ältere Brüder oder Schwestern.

SPIELER	ÄLTERE GESCHWISTER
Gareth Bale (Wales)	Vicky
Harry Kane (England)	Charlie
Marta (Brasilien)	Angela, Valdir und José
Lionel Messi (Argentinien)	Rodrigo und Matías
Luis Suárez (Uruguay)	Paolo, Giovanna und Leticia

Wissenschaftler haben das Phänomen untersucht, dass jüngere Geschwister oft erfolgreichere Sportler sind als ihre älteren Geschwister. Dr. Michael Perkin, Facharzt für Kinderheilkunde am St. George's Hospital in London, zählte älteste, mittlere und jüngste Kinder unter den Spielern einer englischen Liga. Er fand heraus, dass 46 Prozent – also fast die Hälfte – der Spieler, die er untersuchte, jüngste Kinder waren. Es kann also ein echter Vorteil sein, das Nesthäkchen in der Familie zu sein!

Untersuchungen in anderen Sportarten zeigten, dass jüngste Kinder auf eine andere Weise spielen als älteste Kinder. Eine Studie kam beispielsweise zu dem Ergebnis, dass ältere Kinder, die Baseball spielen, verantwortungsbewusster sind und Risiken scheuen, während jüngere Kinder im Spiel riskantere Entscheidungen treffen.

Risiken einzugehen ist nicht gut, falls du im Tor stehst, kann sich aber als nützlich erweisen, wenn du weiter vorne im Feld spielst. Etwas zu riskieren, führt manchmal zu tollen Toren.

Dr. Perkin machte noch eine weitere Entdeckung. Er zeigte, dass die Position abhängig von der durchschnittlichen Zahl der Geschwister ist, die ein Spieler hat: Falls du nur einen

Bruder oder eine Schwester hast, besteht eine höhere Wahrscheinlichkeit, dass du im Tor spielst. Und insgesamt haben Stürmer mehr Geschwister als Verteidiger.

Torhüter   Verteidiger   Stürmer   Mittelfeldspieler
1,1 Geschwister   1,8 Geschwister   2,0 Geschwister   2,4 Geschwister

Es gibt allerdings auch Ausnahmen. Frankreichs ehemaliger Kapitän Patrice Evra hat 24 (ja, VIERUNDZWANZIG!) Brüder und Schwestern. Trotzdem war er Verteidiger. Stellt euch mal vor, in einem so großen Haushalt morgens ins Bad zu müssen …

NATUR VS. ERZIEHUNG

Der große Bruder oder die große Schwester kann also für deine Fußballkarriere nützlich sein. Am wichtigsten aber sind Mama und Papa. Sie haben auf zwei Weisen Einfluss auf dich, ob du es willst oder nicht.

1. NATUR:

In jeder Zelle unseres Körpers ist ein Katalog an Informationen gespeichert – unsere Gene –, die darüber bestimmen, wie wir aussehen und, in gewissem Ausmaß, wie wir uns verhalten. Unsere Gene sind eine Mischung der Gene unserer Eltern. Deswegen sehen wir oft so aus wie sie und haben die gleichen Eigenschaften. Falls deine Eltern beide hellrote Haare haben, wirst du sie wahrscheinlich auch haben. Und falls beide sehr sportlich sind, bist du es womöglich auch.

Er ist der geborene Torwart!

2. ERZIEHUNG:

Die Umgebung, in die du hineingeboren wirst, und die Art und Weise, wie du aufwächst und erzogen wirst, spielen ebenfalls eine wichtige Rolle darin, wer du bist. Falls du von klein auf viel Sport treibst und etliche Stunden trainierst, hast du bessere Chancen, es bis zum Profi zu schaffen.

Es ist also eine Mischung aus Natur und Erziehung, die uns zu den Menschen macht, die wir sind.

FAMILIENSACHE

Falls dein Vater oder deine Mutter (oder beide) Fußball spielen, hast du sowohl Natur als auch Erziehung auf deiner Seite: sportliche Gene und ein häusliches Umfeld, in dem Fußball geschätzt wird. Viele Kinder von Fußballern sind später selbst Profis geworden. Aber solche Fußballer-familien sind ziemlich selten. Von den 125 Spielern, die zwischen 1982 und 2014 in den englischen WM-Kadern standen, hatten nur vier Väter, die ebenfalls für England spielten. Das sind weniger als vier Prozent.

SPIELER	VATER
Alex Oxlade-Chamberlain	Mark Chamberlain
Leroy Sané	Souleyman Sané
Philipp Max	Martin Max
Frank Lampard junior	Frank Lampard senior

Einige (aber nicht viele) Spitzenspielerinnen aus der englischen Super League der Frauen stammen ebenfalls aus Fußballerfamilien.

SPIELERIN	VERWANDTSCHAFT
Eniola Aluko	Sone Aluko (Bruder)
Natasha Dowie	Iain Dowie (Onkel)
Danielle Hill	Mark Hateley (Onkel)

Du musst also nicht verzagen, falls keiner deiner Eltern oder sonstigen Verwandten Profisportler ist. So geht es den meisten anderen auch.

OHNE FLEISS KEIN PREIS

Egal, wie viel oder wenig dir von deiner Familie mitgegeben wird, entscheidend ist, dass du fleißig trainierst. Je mehr du trainierst, desto besser wirst du – aber wie viel ist genug? Manche Leute behaupten, dass man etwa 10.000 Stunden trainieren muss, um zum Experten in einer Sache zu werden. Das ist ziemlich viel Zeit. Selbst wenn du jeden Tag zwölf Stunden damit verbringst, Freistöße zu üben, brauchst du zwei Jahre und drei Monate, um 10.000 Stunden vollzumachen. Du hättest für nichts anderes mehr

Zeit, du hättest keine Freunde und würdest ein ziemlich langweiliges Leben führen, aber du wärst ein brillanter Freistoßschütze.

Endlich habe ich die 10.000 Stunden voll!

Hier ein paar andere Berufe, für die diese 10.000-Stunden-Regel gilt:

Eiskunstläufer

Pianist

BEUTE

Meisterdieb

FRÜH ÜBT SICH

Der belgische Mittelfeldspieler Eden Hazard hatte die idealen Voraussetzungen, um Profi zu werden. Sowohl Natur als auch Erziehung waren auf seiner Seite. Sein Vater Thierry und seine Mutter Carine spielten beide Fußball. Und hinter ihrem Haus in Belgien war ein Feld, wo Eden jeden Tag seine Tricks trainierte. (Keine Ahnung, ob es 10.000 Stunden waren!) Hazard kam auf seinem Weg zum Profi noch ein weiterer Umstand zugute: Er kam am 7. Januar zur Welt.

Dieses Datum ist von Bedeutung, weil du eine größere Chance hast, dich als junger Fußballer durchzusetzen, wenn du zu einem frühen Zeitpunkt des Schuljahrs zur Welt kommst und zu den Älteren in deiner Klasse gehörst. In Belgien, wo Hazard geboren wurde, ist der Stichtag für das Einschulungsalter der 1. Januar. Das bedeutet, dass die ältesten Schüler einer Klasse im Januar geboren sind und die jüngsten im Dezember.

(In Deutschland ist es ein bisschen anders: Der Stichtag für die Einschulung liegt im Sommer, nur in Berlin ist es der 31. Dezember.)

In der Schule sind ältere Kinder oft größer, schneller und stärker als ihre jüngeren Klassenkameraden, denn sie hatten ein paar Extramonate Zeit zum Wachsen. Und wenn du ein bisschen größer, schneller und stärker bist, wirst du eher in die Schulauswahl berufen. Dort wiederum kannst du dich weiterentwickeln, so dass du größere Chancen hast, es in die Jugendakademie eines Klubs zu schaffen. Dies nennt man den **relativen Alterseffekt**.

Durch dieses Phänomen lässt sich eine kuriose Tatsache erklären: Kinder, die früh im Schuljahr geboren sind, dominieren die Akademien der Topklubs. In einer Saison waren 57 Prozent der Spieler in den Jugendabteilungen der Premier-League-Klubs zwischen September und Dezember geboren. Nur 14 Prozent waren zwischen Mai und August geboren. „Wo sind die Mai-bis-August-Kinder?", wunderte sich damals Nick Levett, der Leiter des nationalen Ausbildungsprogramms in England. „Es ist schlichtweg so, dass Erwachsene sie aus dem Spiel verdrängt haben, weil wir uns größere, stärkere und schnellere Spieler wünschen."

AM 1. JANUAR
GEBORENE SPIELER
Roberto Rivellino (Brasilien)
Davor Šuker (Kroatien)
Lilian Thuram (Frankreich)
Jack Wilshere (England)
Paolo Guerrero (Peru)

Aber es hat nicht nur Vorteile, früh im Schuljahr geboren zu sein. Ja, man hat bessere Chancen, in jungen Jahren Profifußballer zu werden – aber es besteht auch ein größeres Risiko, sich zu verletzen und die Karriere frühzeitig beenden zu müssen.

Es ist ein bisschen wie in der Fabel vom Hasen und der Schildkröte. Der Hase hat rasch einen Vorsprung, aber am Ende hat die schwerfällige Schildkröte die Nase vorn. Kinder, die später im Schuljahr geboren sind, setzen sich später durch, haben häufig aber längere Karrieren.

KEINE FRAGE DES ALTERS

Fußballvereine begreifen erst langsam, wie wichtig es ist, allen Kindern eine Chance zu geben, nicht nur denen, die früh im Schuljahr geboren sind. Spieler, die spät im Schuljahr geboren sind, fallen häufig durchs Raster, was schade für sie ist und auch für die Klubs.

Der niederländische Klub Ajax Amsterdam hat ein neues System eingeführt, um das Problem in Angriff zu nehmen. Dort werden Kinder nicht mehr in die U8, U9 oder U10 eingeteilt. Stattdessen gibt es breiter gefasste Altersgruppen: 6 bis 11, 12 bis 15 und 16 bis 19. Das bedeutet, dass auch diejenigen, die zu Beginn des Schuljahres geboren sind, zuweilen mit älteren Kindern spielen. Jeder Spieler macht auf diese Weise unterschiedliche Erfahrungen: Mal gehört er zu den Älteren seiner Gruppe, mal zu den Jüngeren. Dadurch erhofft man sich, den relativen Alterseffekt zu verhindern.

Auch die Klubs in der Premier League haben die Zeichen der Zeit erkannt und organisieren Turniere für junge Spieler, die nicht nach

ihrem Alter ausgewählt werden, sondern nach ihrer körperlichen
Reife. Und genau so halten wir es hier in der Fußballschule. Alter
und Größe sollten keine Rolle dabei spielen, wie
du etwas machst. Wenn du gut bist,
bist du eben gut!

KLASSEN BESTE

ARNE UND BJARNE

„Mamma Mia!"

☆☆☆ STECKBRIEF

Geschwister: 17

Altersunterschied: 120 Sekunden

Sommersprossen (Arne): 300

Sommersprossen (Bjarne): 301

Geburtsort: Sohnstedt, Deutschland

Lieblingsverein: FC Motherwell (Schottland)

Lieblingsspieler: Lars und Sven Bender

☆ Spezialität: Vergessen nie einen
☆ Geburtstag

SOZIALKUNDE-QUIZ

1. Für die Nationalelf welchen Landes spielen Paul Pogbas ältere Brüder Florentin und Mathias?

a) Frankreich

b) Guinea

c) Elfenbeinküste

d) Australien

2. Wem widmet Lionel Messi jedes seiner Tore?

a) seiner verstorbenen Großmutter

b) seinen Geschwistern

c) seinem Kanarienvogel

d) Cristiano Ronaldo

3. Was war das Besondere an der Auswechslung von Arnór Guðjohnsen beim Spiel Island gegen Estland im Jahr 1996?

a) Seine Frau brachte auf der Tribüne ein Kind zur Welt.

b) Sein Sohn Eiðjdur kam für ihn ins Spiel.

c) Er hatte vor dem Spiel auf dem Platz geheiratet.

d) Seine Schwester war Co-Trainerin.

4. Was war das Besondere an Toni Vidigal, Luís Vidigal und Beto Vidigal, die 1993 beim portugiesischen Klub CAD im Mittelfeld spielten?

a) Sie hatten den gleichen Nachnamen, waren aber nicht verwandt.

b) Sie waren Cousins, und ihr Onkel Victor war der Trainer.

c) Sie waren Brüder.

d) In der gleichen Saison spielten auch drei Vidigals für die heimische Frauenmannschaft Elvenses.

5. Alex schaut sich das Bild eines Mannes an und sagt: „Brüder und Schwestern hab ich keine, aber der Vater dieses Mannes ist meines Vaters Sohn." Wer ist der Mann auf dem Bild?

a) der Sohn von Alex

b) Alex

c) der Vater von Alex

d) Ben

GESCHICHTE

Fußball, wie wir ihn heute kennen, ist nur etwa 150 Jahre alt, was ihn nach Maßstäben der Historiker zu einer noch recht jungen Erfindung macht. Aber schon Jahrtausende, bevor Fußball aufkam, haben Menschen auf der ganzen Welt andere Arten von Ballspielen gespielt.

Noch ganz frisch!

In dieser Stunde reisen wir in die Vergangenheit, um uns drei uralte Sportarten anzuschauen. Eine stammt aus China, eine aus Japan und eine aus Mittelamerika. Wir werden sehen, dass jedes dieser Spiele Elemente unseres heutigen Fußballs enthält.

Wie gehen aber nicht so weit, eine dieser Sportarten hier an der Fußballschule betreiben zu wollen. Die Regeln würden nämlich von uns verlangen, die unterlegene Mannschaft mit weißem Pulver einzuschmieren, sie öffentlich auszupeitschen oder ihnen die Köpfe abzuschlagen. Das gäbe eine ziemliche Schweinerei im Klassenraum!

CUJU

Wo: China, Korea, Vietnam
Wann: Ab ca. 200 v. Chr. bis
1400 n. Chr.
Der Ball: Rund. Ursprünglich ein mit Fell oder Federn
gefüllter, genähter Lederball, später mit Luft gefüllt,
ähnlich wie unsere heutigen
Bälle.
Das Tor: Mal halbmond-
förmig, mal ein Laken mit
einem Loch darin, das an

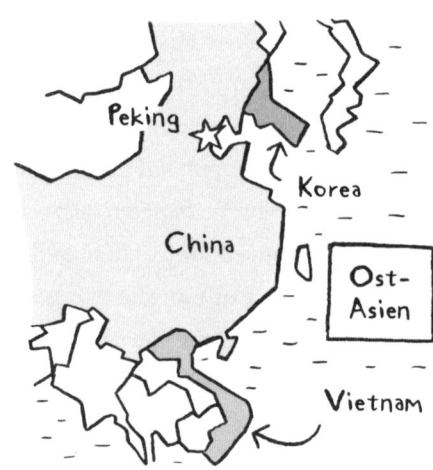

zwei Bambusstangen aufgehängt war.
Die Regeln: Zwei Mannschaften mit bis zu 16 Spielern traten auf
einem Platz mit je einem Tor an beiden Enden gegeneinander an. Die
Spieler durften nicht ihre Hände benutzen.
Spielkleidung: Lange Roben.
Wer spielte: Anfangs wurde Cuju nur von Soldaten der Armee
gespielt, die viel Zeit im Sattel verbrachten und so versuchten, das
Blut in den Beinen zum Zirkulieren zu bringen. Später breitete sich
das Spiel unter Zivilisten und im Adel aus; auch Frauen durften

spielen. Mit der Zeit entwickelten
sich sogar organisierte Ligen, in
denen die besten Spieler als
Profis ihren Lebensunter-
halt bestritten.
Wann wurde gespielt:
Bei fürstlichen
Festen und dip-
lomatischen
Anlässen.

Preis für den Sieger: Silberschalen oder hübsche Stoffe.

Preis für den Verlierer: Ihre Gesichter wurden mit weißem Pulver eingeschmiert, und sie wurden öffentlich ausgepeitscht.

Berühmte Spieler: Kaiser Wu von Han.

Ableger: Eine Abart des Cuju ohne Tore, bei der die Spieler sich den Ball zupassten und für Fehler bestraft wurden, war ebenfalls populär. Die Spieler durften jeden Körperteil außer ihren Händen benutzen, um den Ball zu passen.

Ähnlichkeiten zum Fußball: Es war ein organisiertes Spiel mit zwei Teams und einem runden Ball, bei dem es darum ging, mehr Tore als der Gegner zu erzielen. Es war sehr populär, mit professionellen Ligen und berühmten Spielern.

Was war damals sonst noch los? Cuju entwickelte sich zur gleichen Zeit, als China sich von einer Ansammlung verfeindeter Staaten zu einem geeinten Kaiserreich wandelte. Um dieses neue Reich vor Stämmen aus dem Norden zu schützen, begannen die Chinesen eine Mauer zu errichten, die so groß und so lang wurde, dass sie heute als „Große Mauer" bekannt ist. Unter der Herrschaft von Kaiser Wu von Han, der ebenfalls Cuju spielte und von 156 bis 87 vor Chr. lebte, dehnte sich China bis nach Korea und Vietnam aus.

Die alten Chinesen erfanden viele Dinge, wie z. B. Papier, Stahl, Porzellan und Schießpulver. Zu der Zeit, da Cuju allmählich verschwand, hatte China die am weitesten entwickelte Kultur der Welt.

KEMARI

Wo: Japan

Wann: 600 v. Chr. bis 1900

Der Ball: Hohl, rund und aus Hirschhaut gefertigt.

Das Spielfeld: Ein an den Ecken durch vier Bäume begrenztes Rechteck. Daher war das Spiel auch als „Zwischen den Bäumen stehen" bekannt. Die Bäume waren in der Regel eine Kiefer, eine Kirsche, eine Weide und ein Ahorn.

JAPAN

Tokio

Osaka

Das Ziel: Das Spiel funktionierte genau wie Hochhalten in der Gruppe. Die Spieler hielten den Ball in der Luft und passten ihn sich so oft wie möglich zu, ohne dass er den Boden berührte.

Die Regeln: Die Spieler durften den Oberkörper benutzen, um den Ball auf Fuß oder Bein prallen zu lassen. Sie durften den Ball außerdem von den Bäumen prallen lassen.

Spielkleidung: Formelle japanische Kleidung mit sehr weiten Ärmeln und einem Hut ohne Krempe. Socken waren farblich abgestimmt auf Rang und Können.

Wer spielte: Krieger und Adlige.

Sprache: Wenn ein Spieler sich den Ball selbst zuspielte, rief er „Ari", „Ya" oder „Oh". Das sind die Namen von Göttern, die in den Bäumen leben sollen.

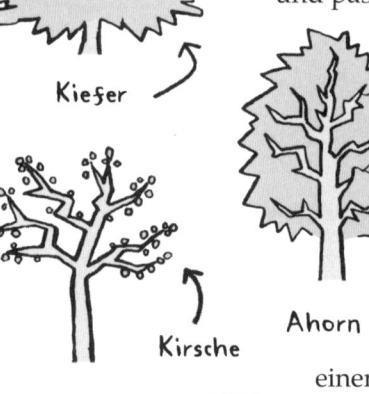

Kiefer

Kirsche

Ahorn

Weide

Positionen: Sechs bis acht Spieler stellten sich im Kreis auf. Die vier besten Spieler standen jeweils vor einem der vier Bäume.

Das Spiel: Die Spieler betraten je nach ihrem Rang den Platz, der ranghöchste zuerst. Alle Spieler hatten einen Probeschuss, um sich an den Ball zu gewöhnen. Das Spiel begann, wenn der ranghöchste Spieler den Abstoß ausführte. Das Spiel endete, wenn der gleiche Spieler den Ball hoch trat und mit seinem Gewand auffing.

Länge eines Spiels: Normalerweise um die 15 Minuten, allerdings gibt es eine alte Schrift, der zufolge ein Kaiser und seine Kemari-Mannschaft den Ball einmal mehr als 1.000 Schüsse lang in der Luft hielten.

Gibt es das Spiel noch? Ja. Ein paar Japaner bewahren die Tradition. Der frühere US-Präsident George H. W. Bush spielte Kemari anlässlich eines offiziellen Besuchs in Japan im Jahr 1992.

Ähnlichkeiten zum Fußball. Beim Kemari ging es darum, sich einen runden Ball zuzuspielen, ähnlich wie bei bestimmten Trainingsspielchen, mit denen heutige Fußballer ihr Geschick üben.

Was war damals sonst noch los? Von ca. 1100 bis 1600 wurde Japan von einer Kaste von Kriegern beherrscht, den sogenannten Samurai. Diese erbitterten Kämpfer trugen eine charakteristische Rüstung und waren berühmt für ihre langen, gebogenen Schwerter, ihre Disziplin und ihren Ehrenkodex. Nach und nach hielten die Prinzipien der Samurai, wie Loyalität und Pflichtgefühl, Einzug in die japanische Alltagskultur.

In den 1630er Jahren untersagten die militärischen Führer allen Ausländern, Japan zu betreten, und allen Japanern, es zu verlassen. Im Verlauf der nächsten 200 Jahre war Japan fast vollkommen isoliert vom Rest der Welt. In dieser Zeit spielten die Japaner weiterhin Kemari. Außerdem wurde Sushi – Reisbällchen mit rohem Fisch obendrauf – erfunden, und auch Puppentheater und Haikus kamen damals auf.

Ein Haiku ist ein dreizeiliges Gedicht mit je fünf Silben in der ersten und letzten und sieben Silben in der mittleren Zeile. In der Regel gibt ein Haiku eine Beobachtung über das Leben oder die Natur wieder. Hier sind zwei, die wir über unser Lieblingsthema verfasst haben:

Fußball

Alle haben Spaß
In uns'rer Fußballschule
Dann pfeift einer ab

Niemand liebt Fußball
noch mehr als Alex und Ben
außer dir vielleicht

PITZ

Wo: Mesoamerika (das Gebiet, das Mexiko, Guatemala, Belize, Honduras, Nicaragua, El Salvador und Costa Rica umfasst)

Wann: 1500 v. Chr. bis 1500 n. Chr.

Wer spielte: U. a. die Olmeken, die Mayas und die Azteken.

Der Ball: Wie ein Flummi! Die Mittelamerikaner waren die Ersten, die wussten, wie man Gummi her-

MESOAMERIKA (präkolumbianisch)

Tenochtitlan

Maya-Kultur

Aztekenreich Kerngebiet der Olmeken

stellt aus Kautschuk, einer milchigen Substanz, die aus Bäumen gewonnen wird. Die Bälle, die für Pitz gefertigt wurden, bestanden aus solidem Gummi und waren vermutlich etwas größer und schwerer als ein Basketball.

Das Spielfeld: Schmaler als ein Fußballfeld und manchmal in Form eines großen I. Meistens befanden sich schräge Steinmauern an den Seiten. Archäologen – die Leute, die die Überreste antiker Kulturen erforschen – haben mehr als 1.500 solcher Felder entdeckt. Die Größe des Spielfelds variiert von kleiner als ein Tennisplatz bis etwa zur Größe eines heutigen Fußballfeldes.

Die Tore: Die meisten Plätze hatten keine Tore, aber gegen Ende der Maya-Periode begannen die Leute, hoch oben an den beiden Seitenwänden Steinringe aufzuhängen. Sinn der

Sache scheint gewesen zu sein, den Ball durch den Ring zu befördern, was aber wohl ziemlich schwierig gewesen sein dürfte.

Die Regeln: Die Regeln kennt niemand mehr. Vermutlich haben sie sich im Laufe von 3.000 Jahren immer wieder verändert. Die wahrscheinlichste Theorie ist, dass zwei Teams gegeneinander antraten und sich den Ball mithilfe der Hüften zuspielten.

Spielkleidung: Bilder und Skulpturen aus der Zeit zeigen, dass die Spielkleidung grundsätzlich aus Lendenschurz und Hüftschutz bestand. Daneben gab es diverse Accessoires wie Helme, Kopfschmuck, Brustschutz, Schienbeinschoner und Handschuhe.

Gefahren: Der Ball war sehr schwer, und Historiker vermuten, dass die Spieler sich häufig verletzten. Manche Spiele sind möglicherweise sogar gestorben, als sie vom Ball im Gesicht oder Magen getroffen wurden.

Zweck: Das Spiel war ein wichtiges religiöses Ritual und wurde manchmal auch genutzt, um Streitigkeiten zu schlichten.

Religiöse Bedeutung: Das heilige Buch der Maya heißt *Popol Vuh*. Wie die Bibel der Christen oder der Koran der Muslime erzählt es, wie die Welt erschaffen wurde. In der zentralen Geschichte geht es um eine Partie Pitz. Die beiden Helden sind die Zwillinge Hunahpú und Ixbalanqué. Die Herren der Unterwelt – sie sind so etwas wie der Teufel – forderten die Zwillinge zu einem Ballspiel heraus. Nach zahlreichen haarsträubenden Abenteuern in der Unterwelt – u. a. wurde Hunahpú einmal der Kopf abgeschlagen und als Ball benutzt (eine Schildkröte machte ihm einen neuen) – besiegten Hunahpú und Ixbalanqué schließlich das Reich des Bösen. Als sie wieder in die richtige Welt zurückkehrten, stiegen die Zwillinge in den Himmel hinauf und wurden zu Sonne und Mond.

Preis für den Sieger: Ein Festessen.

Preis für den Verlierer: Ihre Köpfe wurden abgeschlagen. Manche Historiker glauben, dass ihre Schädel anschließend als Grundlage für einen Ball dienten.

Gibt es das Spiel noch? Ja. Ulama, das sich aus Pitz entwickelt hat, wird noch heute mancherorts in Mexiko gespielt.

Ähnlichkeiten zum Fußball: Pitz war ein Ballspiel zwischen zwei Mannschaften, bei denen die Hände nicht benutzt werden durften. Es war unglaublich beliebt und von großer kultureller Bedeutung. Große Stadien wurden errichtet, in denen gespielt und zugeschaut wurde.

Was war damals sonst noch los? Schokolade! Die Kakaobohne, die die Hauptzutat von Schokolade ist, stammt aus Amerika und wurde zu einem Getränk verarbeitet, das in ganz Mittelamerika beliebt war. Sie schmeckte aber ganz anders als unsere heutige Schokolade, denn die Mayas und Azteken kannten keinen Zucker. Stattdessen vermischten sie gemahlene Kakaobohnen mit Wasser, Chilischoten und Maismehl. Igitt!

MAYA DONNER

⭐ KLASSEN BESTE

99 **Kopf runter!** 66

⭐⭐⭐ STECKBRIEF

Alter: 2.578 Jahre
Gummibäume im Garten: 1
Kopfschmucke: 14
Durch den Ring erzielte Tore: 1
Geburtsort: Altenberge, Deutschland
Lieblingsverein: Old Boys Basel (Schweiz)
Lieblingsstadion: Aztekenstadion, Mexiko-Stadt
Spezialität: Schießt aus der Hüfte

GESCHICHTS-QUIZ

1. Welches mehrere tausend Kilometer lange Bauwerk errichteten die alten Chinesen entlang ihrer Nordgrenze?

a) eine Laufbahn
b) eine Mauer
c) eine Seilbrücke
d) einen Fußballplatz

2. In welchem dieser heutigen Länder waren die Mayas u.a. zu Hause?

a) Grönland
b) Großbritannien
c) Guatemala
d) Japan

3. Was war das Besondere am Samurai-Schwert?

a) Es war gerade.
b) Es hatte zwei Klingen.
c) Es hatte einen langen Griff für beide Hände.
d) Es war aus Gold.

4. Welches der folgenden Dinge haben die Chinesen NICHT erfunden?

a) Zahnpasta
b) Buchdruck
c) Seide
d) Kompass

5. Die Olmeken waren die erste große Zivilisation in Mittelamerika. Was bedeutet ihr Name?

a) Gummimenschen
b) Wilde Menschen
c) Ballmenschen
d) Auserwählte Menschen

Ballmensch

PSYCHOLOGIE

Einen Elfmeter zu verwandeln, sollte eigentlich ganz leicht sein. Du legst den Ball auf den weißen Punkt ein paar Meter vor dem Tor und schießt, wobei dir nur der Torwart im Weg ist.

Aber ganz so einfach ist die Sache nicht.

Einige der besten Spieler der Welt, darunter Alex' Kumpel Pelé, haben wichtige Elfmeter verschossen. Der argentinische Mittelfeldspieler Diego Maradona, einer der besten Spieler aller Zeiten, hat einmal fünf Elfmeter in Folge verschossen!

Zum Glück haben wir hier in der Fußballschule einen absoluten Elfmeterexperten. Ben verbrachte zwei Jahre damit, alles über Elfmeter zu lernen, und schrieb auch ein tolles Buch über das Thema. In dieser Stunde verrät er seine fünf Tipps für den perfekten Elfmeter.

Gut, dass wir im Klassenraum sind und nicht draußen auf dem Platz, denn merke: Beim Elfmeter ist der Kopf das Wichtigste und nicht der Fuß.

AUF DEN PUNKT
Elfmeter gibt es, wenn:
1. der Schiedsrichter ein Foul oder Handspiel im Strafraum erkannt hat.
2. ein K.-o.-Spiel nach Verlängerung unentschieden steht. Dann gibt es ein Elfmeterschießen – jede Mannschaft schießt fünf Elfmeter, und wer die meisten verwandelt, gewinnt.

BENS TIPPS FÜR DEN PERFEKTEN ELFMETER

Stell dir vor, du musst in einem vollen Stadion vor zigtausend Fans einen Elfmeter schießen. Nimm dir Bens Ratschläge zu Herzen und lerne, dich mental perfekt darauf einzustellen.

BENS TIPP NR. 1: DENKE POSITIV

Lies dir das aufmerksam durch: Ich möchte, dass du auf keinen Fall an Elefanten denkst. Denke *auf gar keinen* Fall an Elefanten. Vor allem nicht an einen rosa Elefanten im Röckchen.

Bist du so weit? Ich wette, du denkst gerade an einen rosa Elefanten im Röckchen.

Du hast diese Gedanken, weil es für Menschen unmöglich ist, *nicht* an etwas zu denken, was ihnen eingeredet wurde. Wir können es einfach nicht!

Genau deshalb solltest du dir vor einem Elfmeter nicht einreden, dass du *auf keinen Fall* verschießen darfst. Denn ob du nun darüber nachdenkst, *nicht* zu verschießen, oder darüber, zu verschießen, läuft letztendlich auf dasselbe hinaus.

Wenn du darüber nachdenkst, zu verschießen, ist es umso wahrscheinlicher, dass du verschießt. Aus diesem Grund solltest du bei einem Elfmeter darüber nachdenken, ihn zu verwandeln.

Um Gedanken an ein Scheitern gar nicht erst aufkommen zu lassen, **konzentriere** dich ganz darauf, was du tust – zähle z. B. beim Anlauf deine Schritte. Und denke: „Ich werde treffen."

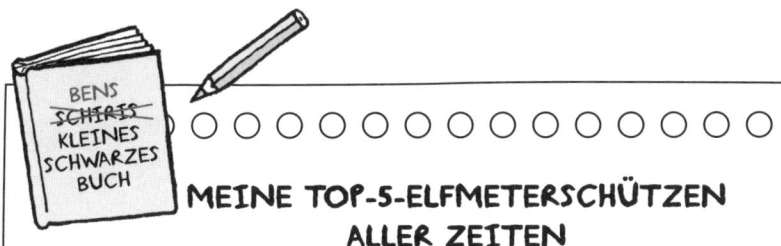

MEINE TOP-5-ELFMETERSCHÜTZEN ALLER ZEITEN

1. Matt Le Tissier (England)

Verwandelte in seiner Karriere 47 von 48 Elfmetern.

2. Gaizka Mendieta (Spanien)

Wartete immer darauf, dass der Torwart sich bewegt – und schoss dann in die andere Ecke.

3. Antonín Panenka (Tschechische Republik)

Erfand den locker in die Mitte des Tors gelupften Elfmeter – heute ihm zu Ehren „Panenka" genannt.

4. Brandi Chastain (USA)

Entschied mit einem Elfmeter das Finale der Frauen-WM 1999.

5. Zinédine Zidane (Frankreich)

Schoss meistens in die von ihm aus gesehen rechte Ecke, traf den Ball aber so präzise, dass er so gut wie unhaltbar war.

BENS TIPP NR. 2
LASS DIR ZEIT

Wenn es um Elfmeter geht, hält England zwei Weltrekorde:

1. England vergibt im Elfmeterschießen mehr Versuche als jede andere Nation.

2. Sobald der Schiedsrichter den Elfmeter freigibt, schießen englische Spieler im Schnitt schneller als die Spieler jeder anderen Nation.

Glaubst du, dass diese beiden Rekorde miteinander zu tun haben? Natürlich haben sie das! Etwas zu überstürzen, führt zu Fehlern, im Leben und auch im Fußball.

Mein Rat lautet daher: Wenn der Schiri pfeift, bewahre die Ruhe. **Hetze dich nicht. Atme noch einmal tief durch. Sammle dich.** Stell sicher, dass du bereit bist. Und schieße dann den Elfmeter.

UMARME DEINEN MITSPIELER (SELBST WENN ER VERSCHIESST)

Teamgeist ist sehr wichtig, um positiv zu bleiben. Du musst ihn in den guten und auch in den schlechten Momenten verspüren. Tatsächlich sogar umso mehr, wenn es mal nicht so läuft.

Wenn dein Mitspieler also einen Elfmeter verschießt, sei nicht sauer auf ihn. Gehe auf ihn zu, **nimm ihn in den Arm** und sage ihm etwas Nettes.

Glaub mir: Teams, die Tore feiern und Spieler umarmen, die einen Elfmeter verschießen, haben eine größere Chance, das Elfmeterschießen zu gewinnen.

Wenn Spieler wissen, dass ihre Mitspieler sie auch dann noch mögen, wenn sie verschießen, haben sie weniger Angst vor dem Scheitern und werden daher umso wahrscheinlicher treffen.

BENS TIPP NR. 4
HALTE BLICKKONTAKT MIT DEM TORWART

Sobald der Ball auf dem Elfmeterpunkt liegt, musst du deinen Anlauf abschreiten. Du hast zwei Möglichkeiten. Entweder gehst du rückwärts, während du Ball und Torwart im Blick behältst, oder du kehrst dem Torwart den Rücken zu, bevor du dich umdrehst und zum Schuss bereit machst.

Die meisten englischen Spieler gehen mit dem Rücken zum Torwart, vermeiden also den Blickkontakt mit ihm. Und wir wissen ja, dass viele englische Spieler verschießen!

Manche Psychologen glauben, dass Blickkontakt zu meiden Angst verrät und dem Torwart einen Vorteil verschafft. Deshalb ist es besser, sich der Herausforderung frontal zu stellen. **Halte Blickkontakt.** Lass deinen Gegner wissen, dass du zuversichtlich bist. Dann ist er es nämlich, der sich Gedanken macht!

BENS TIPP NR. 5
TRAINIERE ZIELGERICHTET

Als England bei der EM 2012 im Elfmeterschießen gegen Italien unterlag, sagte Englands Trainer Roy Hodgson anschließend, dass es nicht genützt habe, vor dem Spiel Elfmeter zu trainieren. „Man kann den Druck nicht simulieren. Man kann die nervliche Anspannung nicht simulieren." Frühere englische Trainer haben ganz ähnliche Dinge gesagt.

Sie haben recht. Man kann es nicht.

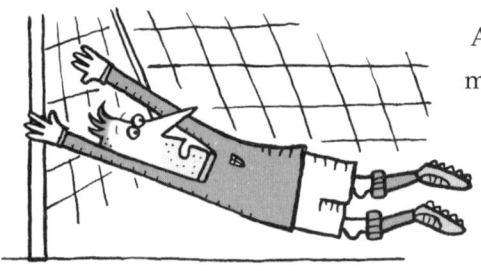

Aber das Gleiche gilt für die meisten Sportarten: Man kann nicht die Bedingungen für einen Tennisspieler simulieren, der im Wimbledon-Finale zum Matchgewinn serviert, oder für einen Golfer, der beim Ryder Cup den entscheidenden Putt einlochen muss, oder für einen Radfahrer, der bei der Tour de France einen Anstieg hinaufklettert. Aber diese Athleten trainieren trotzdem, oder? Tatsächlich haben mir ein Tennisspieler, ein Golfer und ein Radfahrer alle das Gleiche erzählt: Sie trainieren zielgerichtet. Das heißt, dass sie so tun, als befänden sie sich in eben dieser Situation. Sie versuchen, die Bedingungen so exakt wie möglich zu simulieren. Radfahrer werden Anstiege wohl kaum auf flacher Strecke trainieren, oder? Sie suchen sich einen Hügel und fahren hinauf! Und sie machen einen Wettkampf daraus, mit Preisen fürs Siegen und Strafen fürs Verlieren.

Auf gleiche Weise können Fußballer Elfmeter trainieren – zielgerichtet. Das bedeutet z. B., nach einem Spiel, wenn du müde bist, Elfmeter zu üben. Es bedeutet, den langen Gang vom Mittelkreis zum Elfmeterpunkt zu trainieren. Es bedeutet, auf den Pfiff des Schiedsrichters zu warten und sich vorzustellen, dass die ganze Welt zuschaut. **Je besser du auf alles vorbereitet bist, desto höher sind deine Erfolgschancen!** Das gilt für Elfmeter wie für alles andere!

Wir glauben nämlich, dass du heikle Situationen im Leben genauso angehen kannst wie Elfmeter. Wann immer du vor einer schwierigen Herausforderung stehst, kannst du auf diese praktische Zusammenfassung von Bens Tipps zurückgreifen. Sie funktionieren vom Elfmeterpunkt aus, warum also nicht auch abseits des Platzes?

1. **Konzentriere dich**
2. **Überstürze nichts**
3. **Unterstütze deine Mitmenschen**
4. **Blicke der Herausforderung ins Auge**
5. **Sei vorbereitet**

BENS
~~SCHIRIS~~
KLEINES
SCHWARZES
BUCH

MEINE TOP-5-ELFMETERSCHIESSEN ALLER ZEITEN

Deutschland – Frankreich 5:4 (WM-Halbfinale 1982)

Das erste Elfmeterschießen bei einer WM und das erste, das live im Fernsehen übertragen wurde.

Brasilien – Italien 3:2 (WM-Finale 1994)

Der damals beste Spieler der Welt, Roberto Baggio, verschoss den letzten Elfmeter, und Italien verlor.

KK Palace – Civics 17:16 (Pokalfinale Namibia 2005)

48 Versuche waren nötig, um einen Sieger zu ermitteln – Weltrekord.

FC Liverpool – AC Mailand 3:2 (Champions-League-Finale 2005)

Liverpools Keeper Jerzy Dudek wedelte mit den Armen, um die Schützen aus dem Konzept zu bringen.

Niederlande U21 – England U21 13:12 (Halbfinale U21-EM 2007)

Die Niederlande hatten einen Experten für Körpersprache, der die Spieler anwies, positive Signale auszusenden.

ELF METER

Der Strafstoß wurde Ende des 19. Jahrhunderts eingeführt. Damals gab es noch keinen Punkt, sondern eine durchgezogene Linie, die im Abstand von zwölf Yards parallel zur Torlinie verlief. Strafstöße durften von einem beliebigen Punkt auf dieser Linie ausgeführt werden. Zwölf Yards sind 10,9728 m, also ziemlich genau elf Meter, daher kam es im Deutschen zu der Bezeichnung Elfmeter. Als 1902 der Strafraum eingeführt wurde, wurde die Zwölf-Yard-Linie durch einen Punkt ersetzt.

SCHLAU MEIER

KLASSEN BESTER

99 Alles Kopfsache 66

STECKBRIEF

Positive Gedanken pro Spiel: 86
Schritte beim Anlauf: 11
Wartezeit vor der Ausführung: 5,6 Sekunden
Durchschnittliche Elfergeschwindigkeit: 93 km/h
Geburtsort: Hirnsdorf, Österreich
Lieblingsverein: AC Pisa (Italien)
Lieblingsspieler: Tom Cleverley
Spezialität: Nicht auszurechnen, in welche Ecke er schießt

PSYCHOLOGIE-QUIZ

1. Wie nennt man einen Elfmeter, der locker in die Mitte des Tores gelupft wird?

a) Zidane
b) Panenka
c) Baggio
d) Le Tissier

2. Was passiert, wenn es im Elfmeterschießen nach je fünf Schützen unentschieden steht?

a) Die Trainer schießen Elfmeter.
b) Die Mannschaften machen weiter, bis die eine scheitert und die andere trifft.
c) Die Kapitäne spielen Schere, Stein, Papier.
d) Es wird eine Münze geworfen.

3. Was gelang dem argentinischen Stürmer Martín Palermo im Spiel gegen Kolumbien bei der Copa América 1999?

a) Er verwandelte drei Elfmeter.
b) Er verschoss drei Elfmeter.
c) Er verwandelte einen Elfmeter und hielt einen Elfmeter.
d) Er zerstörte die Latte mit einem Elfmeter.

4. Was tat der französische Mittelfeldspieler Zinédine Zidane, bevor er bei der EM 2004 im Elfmeterschießen gegen England seinen Elfmeter verwandelte?

a) Er küsste den Schiedsrichter.
b) Er sang die Marseillaise, die französische Nationalhymne.
c) Er übergab sich am Rande des Strafraums.
d) Er gab all seinen Mitspielern die Hand.

5. Wofür ist Alex Molodetsky berühmt?

a) Er brachte Elefanten bei, Elfmeter zu schießen.
b) Er verwandelte einmal einen Elfmeter mit dem Kopf.
c) Er konnte mit verbundenen Augen Elfmeter halten.
d Er erfand einen Ball, der auch dann Richtung Tor fliegt, wenn er danebengeschossen wird.

WERKEN

In der letzten Stunde haben wir etwas Wichtiges für das Elfmeterschießen vergessen. Etwas, das für alle Aspekte des Spiels wichtig ist: Wenn du gut spielen willst, brauchst du ein vernünftiges Paar Schuhe.

Stell dir vor, in Schuhen zu spielen, die dir bis über die Knöchel gehen. Sie wären schwerer als die Schuhe, in denen du heute spielst. Du würdest langsamer laufen und dabei mehr Energie verschwenden. Nicht so toll! Aber so waren Fußballschuhe bis in die 1950er Jahre hinein.

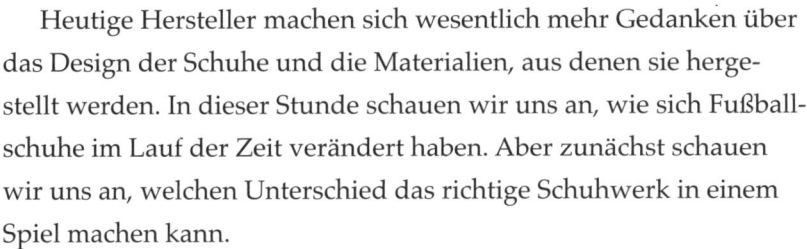

Heutige Hersteller machen sich wesentlich mehr Gedanken über das Design der Schuhe und die Materialien, aus denen sie hergestellt werden. In dieser Stunde schauen wir uns an, wie sich Fußballschuhe im Lauf der Zeit verändert haben. Aber zunächst schauen wir uns an, welchen Unterschied das richtige Schuhwerk in einem Spiel machen kann.

STOLLEN

Die Ungarn waren der große Favorit, als sie 1954 im WM-Finale in Bern auf Deutschland trafen. Doch die „Goldene Elf" unterlag 2:3, und die Deutschen feierten ihren ersten Titel überhaupt. Viele Beobachter meinten, dass die Deutschen ihren Sieg vor allem ihren

Schuhen zu verdanken hatten, die mit Schraubstollen versehen waren. Es regnete in Strömen, der Platz war matschig, und die Deutschen hatten mit ihren längeren Stollen einen Vorteil auf dem rutschigen Geläuf. Nach dem Spiel hatte auch der Letzte begriffen, wie wichtig die richtigen Schuhe sind.

DIE GESCHICHTE DER FUSSBALLSCHUHE

16. JAHRHUNDERT:

Der englische König Heinrich VIII. besaß eines der ersten Paar Stiefel, das extra fürs Fußballspielen angefertigt wurde. Wir wissen das, weil es in einem Palastdokument erwähnt wird. Demzufolge wurde es von seinem persönlichen Schuhmacher Cornelius Johnson im Jahr 1526 hergestellt. Historiker glauben, dass die Stiefel knöchelhoch, aus robustem Leder und schwerer als normale Stiefel waren. Damals hatte der Fußball in England wenig mit dem Spiel zu tun, das wir heute kennen. Er war eher eine Art organisierte Massenkeilerei, die oft in handfeste Krawalle ausartete. Auch abseits des Platzes konnte Heinrich VIII. ziemlich rabiat sein: Er hatte sechs Ehefrauen und ließ zwei von ihnen köpfen. Also wehe dem, der ihm bei einem Fußballspiel in die Quere kam!

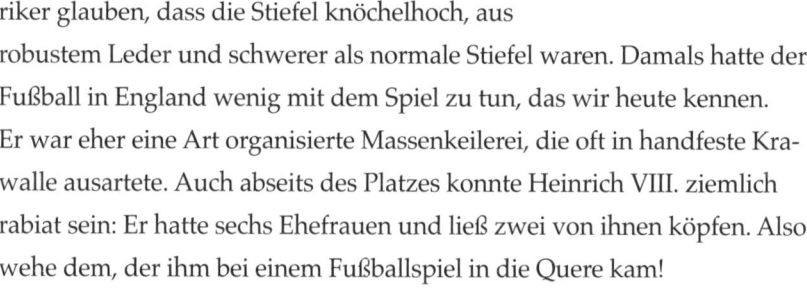

1850 BIS 1900:

Die ersten Schuhe, die speziell für modernen Fußball gestaltet wurden, waren aus dickem Leder und mit ledernen Stollen für besseren Halt auf dem Platz versehen. Sie waren klobig und wurden, wenn es regnete, gleich doppelt so schwer.

1900 BIS 1950:

Bekannte Schuhhersteller, wie Gola in Großbritannien und Hummel in Deutschland, nahmen den Betrieb auf. Ein großes deutsches Unternehmen, die Schuhfabrik der Gebrüder Dassler, führte Schraubstollen ein, die je nach Wetterlage ausgetauscht werden konnten. Die Firma spaltete sich später in Adidas und Puma auf.

1950ER JAHRE:

Brasilianische Designer entwarfen erstmals Schuhe, die nicht mehr bis über die Knöchel reichten. Der englische Stürmer Stanley Matthews sah Brasilien bei der WM 1950 spielen und kaufte ein Paar solcher Schuhe. Nach seiner Heimkehr bat er die Heckmondwike Boot and Shoe Works, eine Kopie anzufertigen. Das tiefer geschnittene Modell war leichter, so dass die Spieler schneller laufen konnten.

1960 BIS 1970:

Leder wurde durch leichtere Materialien wie Gummi ersetzt. 1970 trug der englische Mittelfeldspieler Alan Ball als erster Spieler überhaupt weiße Schuhe. Dafür erhielt er von Hummel 2.000£. Aber Hummel hatte kein Paar, das ihm passte, also malte der Marketingdirektor Balls Adidas-Schuhe weiß an und fügte Sparren hinzu, damit sie wie ein Paar von Hummel aussahen.

1980ER JAHRE:

Liverpools früherer Mittelfeldspieler Craig Johnston wollte den Kindern, die er trainierte, bessere Ballkontrolle vermitteln. Er entwarf einen neuen Schuh, den Adidas Predator, der zu diesem Zweck mit Gummilamellen ausgestattet war. Der Predator wird auch heute noch verwendet. Andere Designer schauten sich das Konzept ab.

2000 BIS HEUTE:

In den letzten Jahren haben sich Designer von neuen Technologien zu einer Menge schräger und verrückter Schuhe inspirieren lassen. So gab es schon Schuhe ohne Schnürsenkel und welche aus Haileder, mit Löchern in den Sohlen, die wie Kiemen aussahen.

Echt scharf, was?

DAS RICHTIGE MATERIAL

Fußballschuhe müssen viele Kriterien erfüllen. Sie müssen bequem sein, damit die Spieler sie gerne tragen. Sie müssen robust sein, damit die Füße geschützt sind. Sie müssen strapazierfähig sein, damit sie nicht mitten im Spiel kaputtgehen, und sie müssen leicht sein, damit sie den Spieler nicht bremsen. Diese Faktoren entscheiden über die vielen verschiedenen Materialien, die für einen modernen Schuh verwendet werden.

TOLLES Schuhwerk.

Die Stollen sind der kniffligste Part eines Schuhs. Ihre Aufgabe ist, in den Boden zu dringen, damit du guten Halt hast und nicht rutschst. Das Material muss steif, fest und unkaputtbar sein. Stollen werden in der Regel aus einem leichten Metall wie **Aluminium** oder aber aus **Plastik** oder einer Mischung aus beiden hergestellt.

Die Sohle muss steif genug sein, um die Stollen zu fixieren, gleichzeitig biegsam, damit sie beim Laufen nicht bricht, und hart genug, um den Fuß zu schützen. Das am besten geeignete Material ist leichtes Plastik, das aber biegsamer sein muss als das Plastik, das für die Stollen verwendet wird. Manche Schuhe verwenden Plastik, das sich nur in eine Richtung verbiegt, da die zusätzliche Steifigkeit, die sich dadurch ergibt, einen kraftvolleren Schuss ermöglicht.

Das Obermaterial des Schuhs bedeckt die Seiten und die Oberseite deines Fußes. Es muss biegsam sein, damit du den Ball kontrollieren kannst und es bequem ist, wenn du läufst. Das Material muss außerdem robust sein, damit du geschützt bist, wenn du einen Tritt abbekommst, und es keinen Schaden nimmt, wenn du den Ball schießt. **Leder** ist dafür am besten geeignet, denn es ist strapazierfähig und funktioniert bei allen Temperaturen und jeder Witterung. Wissenschaftler haben viele tolle Materialien

Immer geht es mir ans Leder.

entwickelt, aber wenn es um Schuhe geht, ist nichts so vielseitig wie Rindsleder.

Moderne Schuhe haben außerdem Rillen und Prägungen auf dem Schaft, die für ein besseres Ballgefühl sorgen sollen.

MODERNES SCHUHDESIGN

Lasche unter den Schnürsenkeln sorgt für KRAFTVOLLEN SCHUSS

Geprägte Lamellen und Rillen verbessern KONTROLLE und PASSSPIEL

Fester Halt für TEMPO-DRIBBLINGS

Zusätzliches Material für FREISTÖSSE mit EFFET

GLÜCKLICHE FÜSSE

Die besten Spieler der Welt müssen sich ihre Schuhe nicht selbst kaufen: Sie bekommen sie umsonst von ihrem Ausrüster. Wenn du jeden Tag Fußball spielst, bauen deine Füße zusätzliche Muskelmasse in den Zehen auf. Damit diese Muskeln geschützt sind und sie nicht zu eng sitzen, haben die Schuhe von Profispielern manchmal eine zusätzliche Polsterung an den Zehen. Außerdem nehmen die Hersteller Abdrücke von den Füßen der Spieler und nutzen sie, um Schuhe anzu-

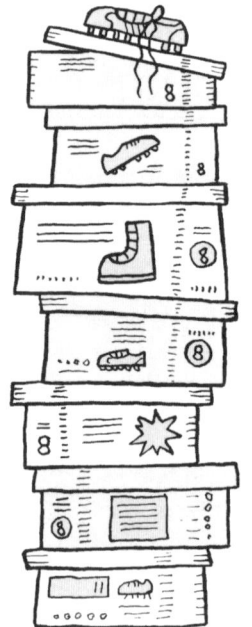

Muskulöser Zeh

fertigen, die perfekt sitzen, wie eine zweite Haut. Der argentinische Stürmer Lionel Messi sagt, er möge es, wenn seine Schuhe sich „eher wie Schlappen anfühlen als wie Schuhe". Vielleicht sollte er dazu einen Morgenmantel tragen!

Die meisten Profis verwenden im Lauf einer Saison vier bis fünf Paar Schuhe; wie deine Lieblingsklamotten werden sie umso bequemer, je öfter du sie trägst. Aber jeder ist anders: Der niederländische Flügelstürmer Memphis Depay verriet uns, dass er in wichtigen Spielen gern brandneue Schuhe direkt aus dem Karton trägt.

PIMP MEINEN SCHUH

Viele Spieler lassen ihre Schuhe mit Sprüchen oder Bildern personalisieren:

SPIELER	HERSTELLER	PERSONALISIERUNG
Lionel Messi	Adidas	Die Namen seiner Söhne und die argentinische Flagge
Mario Balotelli	Puma	Irokesenfrisur an der Ferse
Neymar	Nike	„Mut" und „Freude" an den Seiten, NJR 11 an der Ferse
Memphis Depay	Under Armour	„Memphis"-Schriftzug an der Ferse

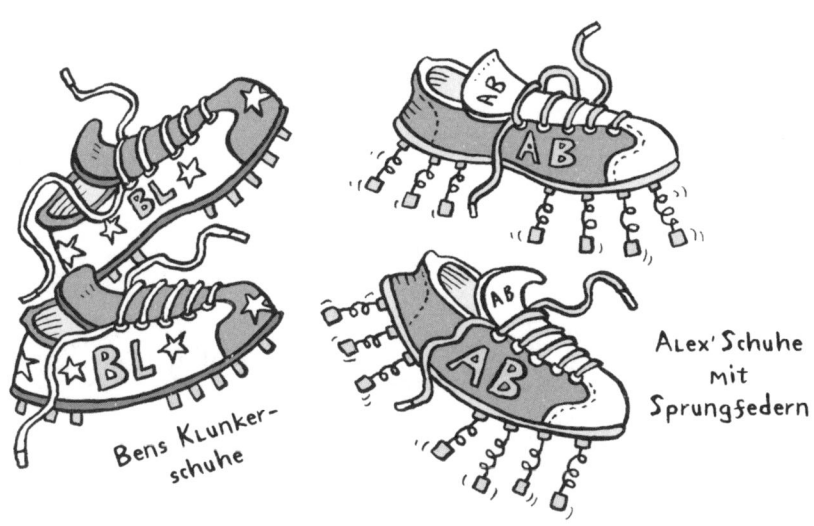

Bens Klunker-schuhe

Alex' Schuhe mit Sprungfedern

ES GEHT AUCH OHNE

Nicht jeder Spieler trägt gerne Schuhe. Indien war zur WM 1950 eingeladen, trat aber nicht an, nachdem die FIFA bestimmt hatte, dass alle Spieler Fußballschuhe tragen müssen. Bei den Olympischen Spielen 1948 waren einige der indischen Spieler nur mit Bandagen an den Füßen aufgelaufen, weil sie es als bequemer (und leichter) empfanden.

FAMILIENZWIST

Adidas und Puma sind zwei der größten Sportartikelhersteller der Welt, aber wusstest du, dass sie von zwei Brüdern gegründet wurden, die sich nicht leiden konnten? Adi und Rudolf Dassler fingen in den 1920er Jahren mit der Schuhfabrik Gebrüder Dassler an.

Aber die Brüder zerstritten sich, und 1948 gründete Adi Adidas, und Rudolf baute ein eigenes Unternehmen auf, das er Puma taufte. Beide Firmen haben ihren Sitz in der fränkischen Stadt Herzogenaurach an gegenüberliegenden Ufern eines Flusses. Die Brüder haben sich nie wieder vertragen.

PER PEDES

★ KLASSEN BESTER

★★★★

99 Man sieht sich! 66

★★ STECKBRIEF

Von 0 auf 100: in 4 Sekunden
Höchstgeschwindigkeit: 160 km/h
Raketenschuhe: 1 Paar
Geburtsort: Laufen, Deutschland
Lieblingsverein: Stade Rennes (Frankreich)
Lieblingsspieler: Toni Schumacher
Spezialität: düst im Sauseschritt

☆

WERKEN-QUIZ

1. Wie wird der obere Teil eines Schuhs genannt?

a) Lasche
b) Absatz
c) Schaft
d) Sohle

2. Welche ist eine wünschenswerte Eigenschaft der Sohle eines Fußballschuhs?

a) elastisch
b) porös
c) aromatisch
d) steif

3. Warum prüfen Schiedsrichter die Stollen eines Spielers, bevor er auf den Platz darf?

a) Um zu schauen, ob Kaugummi unter den Schuhen klebt.
b) Um sicherzustellen, dass die Stollen nicht zu spitz sind und gegnerische Spieler verletzen könnten.
c) Um zu schauen, ob beide Schuhe die gleiche Zahl Stollen aufweisen.
d) Es ist eine Tradition aus der Zeit der Pferdekutschen, als Kutscher die Hufe der Pferde prüften.

4. Welches der folgenden Materialien ist für Schnürsenkel am besten geeignet?

a) Baumwolle
b) Gummi
c) Spaghetti
d) Stroh

5. Welchen der folgenden Fußballschuhe gibt es nicht?

a) Hypervenom
b) Mercurial Vapor
c) Evo Goal 90
d) Purple Power Cat

ERDKUNDE

In dieser Stunde reisen wir nach Brasilien, in das erfolgreichste Land im internationalen Fußball. Brasilien hat die WM öfter gewonnen als jede andere Nation: 1958, 1962, 1970, 1994 und 2002.

Brasilien hat außerdem mehr große Fußballer hervorgebracht als jedes andere Land und bringt weiterhin mehr Profis hervor als irgendjemand sonst.

Wie kommt es, dass die Brasilianer so gut sind? Was haben sie, das andere nicht haben? Alex hat eine Weile in Rio de Janeiro gelebt und hat Folgendes herausgefunden.

VIEL HILFT VIEL

Brasilien ist das größte Land in Südamerika. Es ist riesig – Deutschland würde fast 24-mal hineinpassen. Es ist außerdem voller Menschen – es gibt fast so viele Menschen in Brasilien wie in Deutschland, Großbritannien und Frankreich zusammen. Das ist schon mal ein Grund, warum es so viele brasilianische Fußballer gibt: Es gibt einfach viele Brasilianer.

Schaut man sich an, wie viele Menschen in jedem Land der Erde leben, ist Brasilien unter den ersten fünf:

LAND	BEVÖLKERUNG	ANTEIL AN DER WELTBEVÖLKERUNG
China	1,4 Milliarden	20%
Indien	1,3 Milliarden	19%
USA	324 Millionen	5%
Indonesien	258 Millionen	4%
Brasilien	206 Millionen	3%

TROPISCHER RASENMANGEL

In Brasilien gibt es außerdem viele Tiere. Dort leben mehr Arten als irgendwo sonst auf der Welt, u. a. Gürteltiere, Affen, Faultiere und blutsaugende Fledermäuse. Diese Vielfalt nennt sich **Biodiversität** und kommt daher, dass Brasilien ein tropisches Land ist mit vielen unterschiedlichen Lebensräumen, wie z. B. Regenwald, Wüste, Savanne und Sümpfe. Das Klima ist fast durchweg heiß, und das Wetter wechselt zwischen brennender Sonne und sintflutartigen Regenfällen.

Aus Brasilien kommen viele technisch besonders begabte Fußballer. Sie sind für ihre Ballkontrolle und ihre vielen Tricks bekannt. Ob du es glaubst oder nicht, das Wetter spielt dabei eine wichtige Rolle. Donnernde Wolkenbrüche und sengende Hitze sind gut für die Pflanzen, die im Regenwald wachsen – aber ganz schlimm für Gras.

In Brasilien ist es fast unmöglich, einen Rasen zu erhalten – oder einen Fußballplatz. Das Land hat so gut wie gar keine Rasenplätze. Schulen haben keinen Rasen, auf denen Kinder spielen könnten, und es gibt nur sehr wenige Parks. Die wenigen Rasenplätze, die es in Brasilien gibt, sind weitgehend die in den Fußballstadien, wo Gärtner sich jeden Tag um sie kümmern müssen.

Man sollte meinen, dass junge brasilianische Fußballer schlechter sein müssten, da sie ja nicht auf Rasen üben können, aber wie wir sehen werden, ist das Gegenteil der Fall.

MEGASTÄDTE

Die meisten Brasilianer leben in Städten. Brasilianische Städte sind in den letzten Jahrzehnten so rasant gewachsen, dass viele von ihnen mehrere Millionen Einwohner zählen. In der größten von ihnen, São Paulo, leben fast so viele wie in ganz Australien.

In diesen Megastädten wohnen die Menschen dichtgedrängt, und es gibt kaum freie Flächen, auf denen die Leute herumlaufen können (abgesehen vom Strand, sofern die Stadt einen hat). In den ärmsten Gegenden dieser Städte gibt es fast keine Straßen: Einfache Ziegelbauten werden einfach übereinander gebaut, mit nur winzigen Pfaden dazwischen. Es ist so eng, dass an Fußball eigentlich nicht zu denken ist. Aber die Brasilianer ziehen auch daraus ihren Vorteil.

BEVÖLKERUNG DER GRÖSSTEN STÄDTE

| Brasília (die Hauptstadt) 4 Millionen | Porto Alegre 4 Millionen | Belo Horizonte 5 Millionen | Rio de Janeiro 12 Millionen | São Paulo 20 Millionen |

NOT MACHT ERFINDERISCH

Da es keine Rasenplätze und in den Städten nur wenig Platz gibt, um Fußball zu spielen, erlernen die Menschen das Spiel stattdessen auf einem Stück Erde und auf der Straße.

Wenn du auf rauem, unebenem Boden spielst, auf dem der Ball unberechenbar herumspringt, entwickelst du schnelle Reaktionen und gute Technik. Wenn du auf Beton spielst, tust du dir weh, wenn du fällst. Also entwickelst du überragende Kontrolle und Körperbeherrschung. Wenn du Fußball auf engstem Raum spielst, entwickelst du herausragende Ballfertigkeiten.

Unebener Boden

Mit anderen Worten: Einer der Gründe dafür, warum die brasilianischen Fußballer so gut sind, ist, dass die Geografie – also das Klima und die Städte – so viele Hindernisse für das Spielen bereithält.

Beton

Enger Raum

DRINNEN UND DRAUSSEN

Es gibt noch zwei andere Arten von Plätzen, wo die Brasilianer Fußball spielen können, und auch diese beiden sind wichtig:

1. DIE HALLE

Weil es wenige Freiluftplätze gibt, lernen viele junge Brasilianer das Spiel auf einem harten Hallenboden. Diese Variante nennt sich Futsal. Gespielt wird fünf gegen fünf auf einem Platz von etwa der Größe eines Basketballfelds und mit einem kleineren, schwereren Ball.

Da der Futsal-Ball nicht besonders gut springt, braucht man gute technische Fähigkeiten, um ihn zu beherrschen. Futsal-Spieler bewegen sich auf engerem Raum als Fußballer auf großem Feld. Sie müssen deshalb sehr flink sein, gute Ballkontrolle haben und sich nicht vor Dribblings scheuen. Das Resultat ist, dass Futsal-Spieler besonders schnell und furchtlos sind.

Futsal stammt aus dem benachbarten Uruguay, wurde in Brasilien aber so populär wie nirgendwo sonst. Tatsächlich spielen sogar mehr Brasilianer Futsal als Fußball. In Brasilien gibt es sogar eine eigene professionelle Futsal-Liga. Viele der besten Spieler des Landes haben mit Futsal angefangen. Jetzt weißt du, warum sie so gut sind!

2. DER STRAND

Brasilien hat fast 8.000 Kilometer Küstenlinie, und ein Großteil davon besteht aus Stränden. Strände gibt es in vielen der größten Städte in Brasilien – z. B. in Rio de Janeiro, Santos, Salvador und Recife –, und auch auf ihnen wird Fußball gespielt.

Futsal-Stars

Marta
Neymar
Pelé
Ronaldinho
Zico

Strandfußball ist viel anstrengender als normaler Fußball, weil man mehr Energie verbraucht, um sich auf dem Sand zu bewegen. Da der Ball nur wenig springt, muss man präzise Pässe spielen und viele verschiedene Körperteile nutzen, um ihn zu kontrollieren. Wenn du also Strandfußball spielst, wirst du sehr fit und bekommst eine tolle Technik.

TANZE SAMBA MIT MIR

Abgesehen von der Sonne, dem Regen, den Städten, den Hallen und den Stränden haben die Brasilianer noch einen anderen großen Vorteil, wenn es um Fußball geht: Sie lieben es zu tanzen. Die brasilianische Volksmusik ist der Samba. Samba ist schnell, mitreißend und rhythmisch und wird meist auf Schlaginstrumenten wie kleinen Trommeln, Shaker und Tamburin gespielt. Samba hat außerdem seine ganz eigene Tanzform, die sich vor allem durch schnelle, fließende Hüftbewegungen auszeichnet. Kinder, die in Brasilien aufwachsen, lernen den Samba von klein auf und können ihre Füße und Hüften daher viel besser bewegen und schwingen als Kinder in anderen Ländern. Der Hüftschwung ist auch im Fußball sehr nützlich – um an Verteidigern vorbeizutänzeln und um mehr Kraft in den Schuss zu legen.

WER BRAUCHT SCHON EINEN BALL?

In Brasilien gibt es viele Familien, die zu arm sind, um ihren Kindern einen Ball zu kaufen, mit dem sie spielen können. Viele Menschen erzählten Alex, dass es für Kinder aus solchen Familien nicht ungewöhnlich ist, Fußball mit Kokosnüssen, Orangen und sogar Eiern zu spielen.

Wenn du mit einer Kokosnuss Fußball spielst, holst du dir wunde Füße. Wenn du mit einer Orange spielst, werden sie klebrig. Und wenn du mit Eiern spielst, wird jemand ziemlich eingesaut!

Aber es hat auch Vorteile, solche unkonventionellen (und leckeren!) Spielgeräte zu benutzen. Es ist viel kniffliger, mit Früchten Fußball zu spielen als mit einem aufgepumpten Lederball. Kinder, die mit solchen ungewöhnlichen Objekten das Spiel lernen, entwickeln daher gute Ballfertigkeiten. Stell dir mal vor, du müsstest mit einem Ei Hochhalten üben! (Versuche das aber lieber nicht zu Hause.) Du würdest unheimlich viel Ballgefühl brauchen, um das Ei zu kicken und wieder einzufangen, ohne dass es zerbricht.

Am Beispiel Brasilien sehen wir, dass Not angehende Fußballer in der Tat erfinderisch macht. Das soll heißen, dass du umso einfallsreicher sein musst, je größer die Herausforderung ist. Junge Brasilianer müssen zahlreiche Herausforderungen meistern, wenn es ums Fußballspielen geht, und dadurch entwickeln sie erstaunliche, überragende Fähigkeiten.

1953 richtete Brasilien einen Wettbewerb für die Gestaltung des Nationalmannschaftstrikots aus. Das siegreiche Design – ein gelbes Trikot mit grünem Kragen und Ärmelbündchen – wird bis heute getragen und wurde von einem Teenager eingereicht, der noch nie zuvor ein Trikot entworfen hatte!

SCHMITZINHO

★ KLASSEN BESTER

„Gott ist Brasilianer!"

★★★ STECKBRIEF

Tagesbedarf an Kokosnüssen: 5

Rekord beim Hochhalten: 7.563

Anzahl der „o"s in Tooooooooor: 10

Biodiversität im Garten: 17 Affenarten, 250 Käferarten und ein Faultier

Geburtsort: Copacabana

Team: alle außer Argentinien

Lieblingsspieler: Rio Ferdinand

Spezialität: tanzt den Gegner aus

ERDKUNDE-QUIZ

1. Wie heißt die Hauptstadt von Brasilien?

a) Belo Horizonte
b) Brasília
c) Rio de Janeiro
d) São Paulo

2. Nach welchem britischen Klub wurde der größte Verein in Brasiliens größter Stadt São Paulo benannt?

a) Corinthians
b) Wanderers
c) The Spartans
d) Rangers

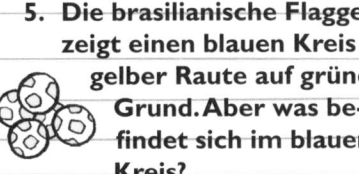

3. Wie lautet der Name des Fischs aus dem Amazonas mit messerscharfen Zähnen, der gern rohes Fleisch isst und stark genug ist, dir einen Finger abzubeißen?

a) Anakonda
b) Kaiman
c) Südamerikanischer Fingermümmler
d) Piranha

4. Wie lautet der vollständige Name des FIFA-Weltfußballers des Jahrhunderts Pelé?

a) Ronaldo de Assis Moreira
b) Mário Jorge Lobo Zagallo
c) Edson Arantes do Nascimento
d) Diego Armando Maradona Franco

5. Die brasilianische Flagge zeigt einen blauen Kreis in gelber Raute auf grünem Grund. Aber was befindet sich im blauen Kreis?

a) ein Balkenkreuz
b) fünf Fußbälle
c) acht Skorpione
d) 27 weiße Sterne

THEATER-AG

In mancherlei Hinsicht sind Fußballer wie berühmte Schauspieler. Die Leute bezahlen, um sie auftreten zu sehen. Man kann sie zur besten Sendezeit im Fernsehen gucken. Sie begegnen einem in der Werbung und in Promi-Magazinen. Und auch auf dem Platz schauspielern sie bisweilen. In dieser Stunde schauen wir uns an, auf welche unterschiedliche Weisen Fußballer sich verhalten. Es gibt sowohl gutes als auch schlechtes Schauspielern. Jeder mag Spieler oder Mannschaften, die ihre Tore mit einfallsreichen Einlagen bejubeln. Auf der anderen Seite kritisieren Fans und Kommentatoren Spieler, die den sterbenden Schwan geben, wenn nichts weiter passiert ist.

Wir werden sehen, dass es beim Fußball häufig wie auf der Bühne zugeht und dass das Spiel manchmal so dramatisch sein kann wie ein antikes griechisches Schauspiel – du brauchst aber keine Toga zu tragen, um an dieser Stunde Freude zu haben.

DER TORJUBEL-OSCAR

Schauen wir uns zunächst einige der schönsten Torjubel im Fußball an. Dazu begeben wir uns auf die Reise nach Island zu einem kleinen Verein namens Stjarnan. Dank einiger kreativer Einlagen war dieses Team einen kurzen Moment lang eines der bekanntesten der Welt.

Stjarnan spielte damals in der ersten isländischen Liga. Die Spieler waren sowohl Kollegen als auch Freunde, denn sie waren alle zusammen in einem kleinen Dorf namens Garðabær aufgewachsen und spielten seit mehr als einem Dutzend Jahren zusammen. In Island genossen sie dank ihrer witzigen Torjubel schon eine gewisse

Berühmtheit – dann aber ging eine besonders einfallsreiche Darbietung um die ganze Welt.

In einem Spiel gegen Fylkir gelang Stürmer Halldór Orri Björnsson in der letzten Spielminute der entscheidende Treffer. Er lief an den Rand des Strafraums und streckte einen Arm aus, als würde er eine Angel auswerfen. Sein Mitspieler Jóhann Laxdal ließ sich etwa sechs Meter entfernt auf die Seite fallen. Als Björnsson so tat, als würde er mit der anderen Hand die Leine einholen, zappelte Laxdal wie ein Fisch auf dem Trockenen herum. Laxdal war offenbar für die Rolle ausgewählt worden, weil sein Name auf Isländisch „Tal der Lachse" bedeutet.

Aber das war noch nicht alles. Sobald Laxdal zum Torschützen gehopst war, hoben ihn vier Kollegen hoch, als würden sie mit ihrem Fang für die Kamera posieren. Ein anderer Mitspieler, Baldvin Sturluson, kniete sich hin und tat so, als würde er ein Foto von dem „Lachs" machen. Der Jubel wurde, wie nicht anders zu erwarten, „Der Lachs" getauft. Ein Video verbreitete sich wie ein Lauffeuer im Netz und wurde von Millionen Usern auf der ganzen Welt gesehen. Man sieht also, dass Fußball und Schauspiel prima zusammenpassen.

Die Planung solcher Sequenzen nennt man **Choreografie**. Stjarnan feierte seine Tore auch weiterhin mit solchen einstudierten Einlagen. Hier ein paar ihrer besten. Action!

STJARNANS BESTE CHOREOGRAFIEN

1. Die Toilette – Ein Spieler geht auf alle viere, zwei andere stellen sich dahinter auf (sie sind Deckel und Spülung). Der Torschütze setzt sich auf den Rücken des knienden Spielers, gibt vor, eine Zeitung zu lesen, dann steht er auf und zieht an der Hand der „Spülung".

2. Das Fahrrad – Ein Spieler sitzt auf dem Boden, vor ihm kniet ein weiterer. Ein dritter beugt sich über den sitzenden Spieler und legt die Hände auf die Schultern des knienden Vordermanns. Der Torschütze springt auf die Schultern des hinteren Spielers und tritt in die Pedale, die Hände des auf dem Boden sitzenden Spielers.

3. Der Taucher – Ein Spieler kniet auf dem Boden, der Torschütze springt mit dem Kopf voran über seinen Rücken hinweg wie in einen imaginären Pool und schwimmt.

4. Die Walzertänzer – Der Torschütze schnappt sich den nächstbesten Mitspieler und tanzt einen Walzer mit ihm. Sechs andere Mitspieler bilden Paare und tun es ihnen gleich.

5. Der Bob – Vier Spieler schieben einen imaginären Bob an, dann setzen sie sich mit ausgestreckten Beinen hintereinander. Sie lehnen sich erst nach links und dann nach rechts wie in einem Bob.

TATEN STATT WORTE

Es gibt noch weitere Möglichkeiten, auf dem Platz zu schauspielern. Wenn wir Fußball im Fernsehen oder im Stadion schauen, hören wir nicht, was die Spieler sagen. Aber wir wissen, was sie denken, denn ihre Körper verraten es. Das nennt man **Körpersprache**. Es ist eine Weise, ohne Worte zu kommunizieren und ein wichtiges Werkzeug für einen Darsteller.

Der Verteidiger, der die Handflächen zusammenpresst und den Schiedsrichter anfleht? Er fordert Gerechtigkeit. Der Stürmer, der heranprescht und seine Nase direkt an die seines Gegners drückt? Er ist wütend.

Manchmal reagieren unsere Körper auf natürliche Weise: Wir lächeln, wenn wir uns freuen, wir verziehen das Gesicht oder weinen, wenn wir Schmerzen haben. Aber in einem Fußballspiel, in dem es um Sieg oder Niederlage geht, reagieren manche Spieler in bewusst übertriebener Weise auf das Geschehen. Sie machen das, was Clowns im Zirkus tun: Sie überspitzen ihr Mienenspiel und ihre Gesten, um ohne Worte zu kommunizieren. Dies ist eine Form des Schauspielens, die sich **Pantomime** nennt. Spieler nutzen diese Technik, um anderen Spielern, dem Schiedsrichter und den Fans ihre Gefühle auf dem Platz zu vermitteln, ohne etwas sagen zu müssen.

Hier ein paar Gesichtsausdrücke, die alle Fußballer kennen (und die sie auch der Wirkung wegen gerne übertreiben):

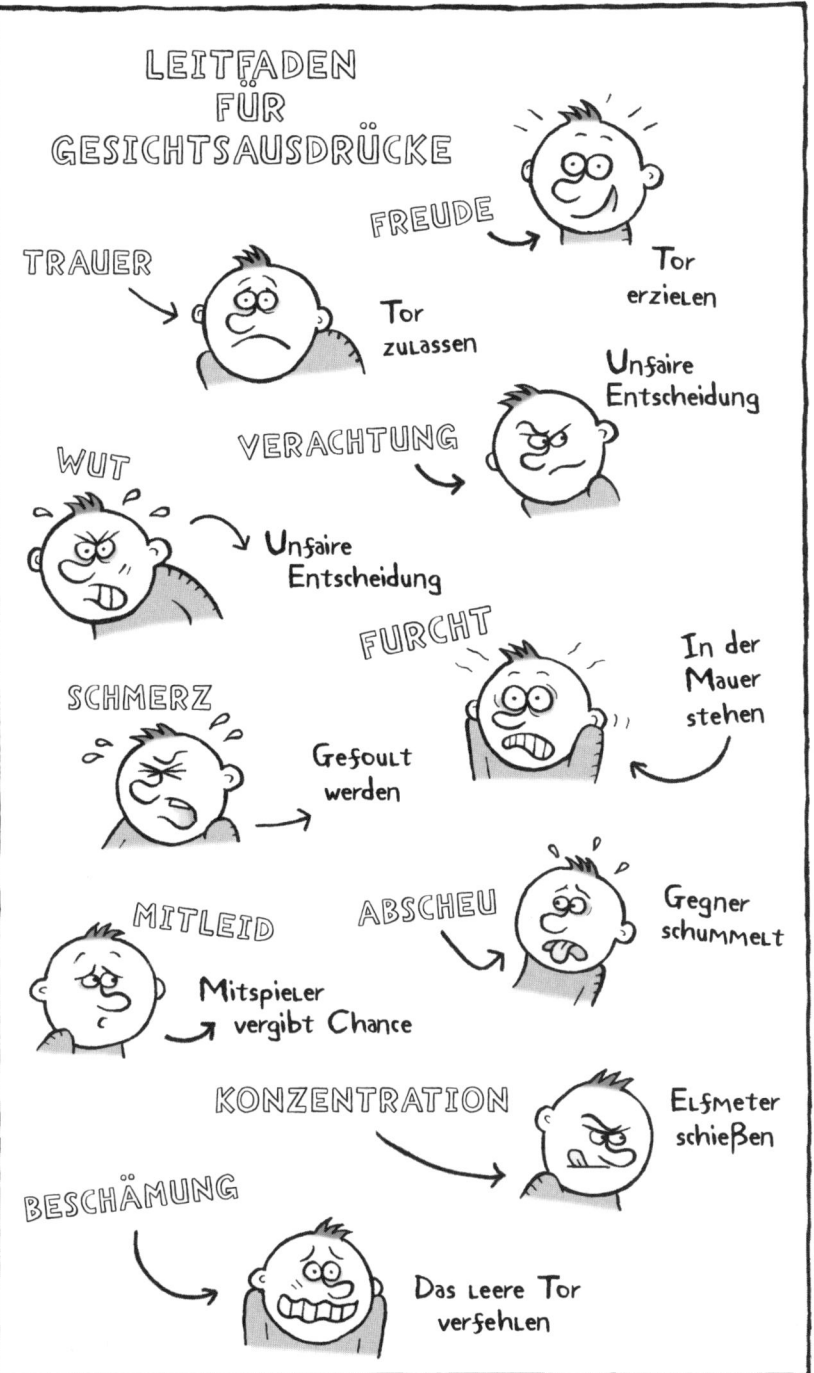

ZUSCHAUERCHOR

Fußballer verhalten sich zwar manchmal wie Schauspieler, aber ein Fußballspiel zu schauen ist etwas ganz anderes, als einen Film zu gucken. Wenn du im Theater oder Kino oder zu Hause vor dem Fernseher sitzt, wünschst du dir normalerweise Ruhe, damit du hören kannst, was vor sich geht. Beim Fußball ist es das Gegenteil. Du möchtest laut sein, denn es bedeutet, dass du Teil des Geschehens bist. Wenn du ein Spiel im Stadion schaust und laut genug singst, können die Spieler dich hören. Das wiederum kann sie anspornen und ihre Gegner verunsichern.

Manchmal buhen die Fans einen Spieler aus, der früher für ihre Mannschaft gespielt hat. Oder sie buhen, weil er einen ihrer Spieler foult oder einfach nur eine blöde Frisur hat. Mit diesen Geräuschen – Anfeuerungen für die Guten, Buhrufe und Pfiffe für die Bösen – bezieht die Menge Stellung zu den Hauptfiguren der Handlung.

So geschah es bereits in den ersten Theaterstücken, die vor fast 3.000 Jahren im alten Griechenland aufgeführt wurden. Während eines Stücks stand eine Gruppe von Schauspielern, **Chor** genannt, nahe der Bühne und kommentierte die Handlung. Sie sangen z. B. ein Lied, um zu beschreiben, was eine Figur dachte, oder begleiteten die Handlung, indem sie Informationen ergänzten.

Denke also daran, wenn du das nächste Mal ins Stadion gehst: Deine Worte können ein Teil der Geschichte werden. Das macht dich zu einem wichtigen Teil des Spiels.

VON STERBENDEN SCHWÄNEN

Aber die vielleicht häufigste Form der Schauspielerei im Fußball ist, wenn ein Spieler so tut, als sei er gefoult worden, um sich einen Vorteil zu verschaffen, sei es einen Elfmeter oder Freistoß zu schinden oder eine Rote Karte zu provozieren.

Ein solches Täuschungsmanöver nennt man eine Schwalbe oder Simulieren. Ein Spieler geht zu Boden und windet sich vor Schmerzen. Seine Mitspieler beschweren sich, das Opfer sei gestoßen oder getreten worden. Sobald der Schiedsrichter eine Entscheidung gefällt hat, steht der Spieler wieder auf, und die Schmerzen sind wie weggeblasen. Eine Auswertung der ersten 32 Spiele bei der WM 2014 zeigte, dass von den 302 Spielern, die während des Turniers zu Boden gingen, nur neun wirklich verletzt waren. Das sind etwa drei Prozent. Die meisten Spieler ließen sich absichtlich fallen.

Viele Spieler behaupten, sich nie absichtlich fallen zu lassen, aber vermutlich haben sie es doch irgendwann einmal getan. Der frühere englische Stürmer Michael Owen räumte ein, dass es eine gewisse Grauzone gebe. „Ich glaube nicht, dass ich mich in meiner Karriere jemals habe absichtlich fallen lassen", sagte er in einem Interview. „Aber natürlich gab es Situationen, in denen ich zu Boden gegangen bin, obwohl es durchaus möglich gewesen wäre, auf den Beinen zu bleiben, wie gegen Argentinien bei den WM-Turnieren 1998 und 2002."

Schiedsrichter können Schwalben mit Gelben Karten bestrafen. Der Schriftsteller Dave Eggers sagte, Simulieren sei „im Wesentlichen eine Kombination aus Schauspielern, Lügen, Betteln und Betrügen, und diese vier Verhaltensweisen sorgen für eine sehr unschöne Mischung." Wir in der Fußballschule mögen sie auch nicht besonders.

Ziel

DREI BERÜHMTE FUSSBALL-SCHWINDLER

1. Roberto Rojas (Brasilien – Chile, 1989)

Der chilenische Torwart wurde lebenslang gesperrt, nachdem er vorgab, von einem Knallkörper, der auf das Feld geworfen worden war, verletzt worden zu sein. Er sprang in den Qualm des Knallkörpers und kam blutend wieder zum Vorschein. Doch es stellte sich heraus, dass er sich mit einer Rasierklinge, die er im Handschuh verborgen hatte, selbst geschnitten hatte.

2. Rivaldo (Brasilien – Türkei, 2002)

Der türkische Verteidiger Hakan Ünsal schoss Rivaldo den Ball an die Beine, worauf sich der brasilianische Mittelfeldspieler das Gesicht hielt und zu Boden ging. Ünsal sah die Rote Karte, doch Rivaldo wurde im Nachhinein bestraft.

3. Arjen Robben (Niederlande – Mexiko, 2014)

Der niederländische Flügelstürmer entschuldigte sich, nachdem er in der ersten Halbzeit dieses heiß umkämpften WM-Spiels versucht hatte, einen Elfmeter zu schinden.

KLASSEN BESTE

HOLLY WOOD

99 Klappe! 66

STECKBRIEF

Geschundene Elfmeter: 14
Unterschiedliche Torjubel: 43
Verwarnungen für Schwalben: 9
Meiste Trikotwechsel in einem Spiel: 17
Geburtsort: Drama, Griechenland
Lieblingsverein: FC Videoton (Ungarn)
Lieblingsspieler: Craig Shakespeare
Spezialität: sterbender Schwan

THEATER-AG-QUIZ

1. **Welchen Jubel zelebrierten die Stjarnan-Spieler einmal nach einem Tor?**

a) das Fahrrad
b) den Vulkan
c) den Cha-Cha-Cha
d) den Moonwalk

2. **Die Faust zu schließen und einen Daumen zu heben bedeutet in den meisten Ländern was?**

a) Das ist super!
b) die Zahl eins
c) Hast du eine Nagelschere?
d) Sieh mal, ich kann meinen Daumen nicht beugen!

3. **Was sagen sich Schauspieler traditionell, bevor sie auf die Bühne gehen?**

a) „Sorry, ich habe einen fahren lassen!"
b) „Hals- und Beinbruch!"
c) „Vergiss deinen Text nicht!"
d) „Ich liebe dich, Schatz!"

4. **Welcher Fußballstar versucht sich neuerdings auch als Actionheld?**

a) David Beckham
b) Toni Kroos
c) Neymar
d) Zlatan Ibrahimovic

5. **Welche Masken trugen die Dortmunder Pierre-Emerick Aubameyang und Marco Reus, um ein Tor gegen den Erzrivalen Schalke zu feiern?**

a) Batman und Robin
b) Tom und Jerry
c) Spiderman und Superman
d) Micky und Minnie Maus

Philosophen sind Denker, die tiefgründige Fragen nach dem Sinn des Lebens stellen. Wie René Descartes, der 1637 „Cogito ergo sum" sagte, was Lateinisch ist und so viel bedeutet wie: „Ich denke, also bin ich." Deswegen lautet das Motto der Fußballschule „Kickito ergo sum" – ich kicke, also bin ich!

Cogito ergo sum.

Eine Philosophie ist eine Reihe von Regeln, an denen du dich orientierst. Du musst kein Latein können oder seit Jahrhunderten tot sein, um eine zu haben. Bens Lebensphilosophie lautet: Sei du selbst, liebe deine Familie, erzähle Witze, iss Pizza, schieße Elfmeter. Die von Alex lautet: Habe Spaß, sei ein guter Freund, fahre Rad, beherrsche das Einmaleins, bohre in der Nase.

Fußballer können eine Philosophie dafür haben, wie sie das Spiel angehen. Eine Philosophie könnte z. B. sein: immer angreifen, Ball

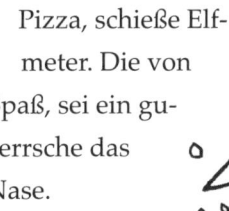

$4 \times 6 = 24$
$5 \times 6 = 30$
$6 \times 6 = 36...$

flach halten, nicht schummeln. Trainer stellen Regeln dafür auf, wie sie sich das Training und die Taktik vorstellen. In dieser Stunde erzählen wir euch die Geschichte von Rinus Michels, dessen Philosophie den Fußball revolutionierte. Wir werden sehen, wie die Vision, die er vor einem halben Jahrhundert hatte, das Spiel bis heute prägt.

STÜRMER, LEHRER, TRAINER

Marinus „Rinus" Michels kam 1928 in Amsterdam in den Niederlanden zur Welt. Er träumte davon, Fußballer zu werden. Zu seinem neunten Geburtstag schenkte ihm sein Vater sein erstes Paar Fuß-

RINUS Michels

ballschuhe und die rot-weiße Spielkleidung von Ajax, das damals ein halbprofessioneller Verein war.

Michels' Traum wurde wahr, als er mit 18 begann, als Mittelstürmer für Ajax zu spielen. In seinem ersten Spiel im Jahr 1946 schoss er gleich fünf Tore. Er galt als echter Teamspieler, denn er hängte sich voll rein und stellte sich immer in den Dienst der Mannschaft. Auch wenn er mit dem Ball am Fuß etwas ungelenk war, lief er unermüdlich und war ein ausgezeichneter Kopfballspieler. In den 269 Partien, die er für Ajax bestritt, erzielte er 121 Tore. Er spielte außerdem fünfmal für die Niederlande, bevor er mit 30 Jahren wegen einer Rückenverletzung seine Karriere beenden musste.

Nachdem er seine Fußballschuhe an den Nagel gehängt hatte, wurde Michels Sportlehrer an einer Schule für taubstumme Kinder. Angeblich war Michels ein sehr strenger Lehrer. In dieser Zeit entwickelte er Strategien dafür, wie man das

Beste aus den Menschen herausholt. Dann hatte Michels einen Geistesblitz: Warum nicht seine Fähigkeiten als Lehrer und seine Liebe zum Fußball verbinden und Trainer werden? Als er hörte, dass Ajax einen neuen Trainer suchte, bewarb er sich im Januar 1965 um den Job und bekam den Zuschlag.

Als Michels den Posten übernahm, machte Ajax in der Liga gerade schwere Zeiten durch. Aber gleich das erste Spiel unter ihm wurde mit 9:3 gewonnen. Der Klub schaffte nicht nur den Klassenerhalt, sondern holte im nächsten Jahr sogar die Meisterschaft – und die im Jahr darauf und die im Jahr darauf. Dreimal in Folge! 1971 gewann Ajax den Europapokal der Landesmeister (den Vorläufer der heutigen Champions League). Kein anderes Team, weder davor noch danach, hat je einen so rasanten Aufstieg erlebt.

DIE PHILOSOPHIE DES GENERALS

Wie hatte Michels das geschafft? Er hatte eine ganz neue Herangehensweise an den Fußball und eine neue Spielphilosophie. Zunächst einmal nahm er seine Spieler hart ran und verlangte von ihnen absolute Disziplin. Sie gaben ihm den Spitznamen „General", denn er setzte vier Trainingseinheiten täglich an, damit seine Mannschaft so fit war wie keine andere. Die meisten Klubs absolvierten eine oder zwei Einheiten am Tag, aber bestimmt nicht vier.

Michels führte außerdem neue Taktiken ein, die er sich in anderen Ländern abgeschaut hatte. Er ließ seine Verteidiger sich in den

Angriff einschalten, so wie es die Brasilianer taten, und er ermunterte seine Spieler, ihre Positionen zu tauschen, so wie die Ungarn. Wenn also ein Mittelfeldspieler auf den Flügel auswich, nahm ein Flügelspieler dessen Position im Zentrum ein. Diese vielseitige neue Spielweise wurde als „totaler Fußball" bekannt. Diese Maßnahmen führten zu erstaunlichen Ergebnissen.

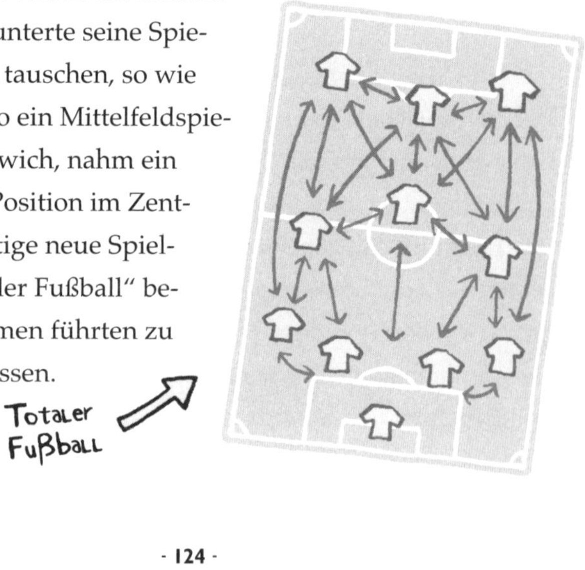

Totaler Fußball

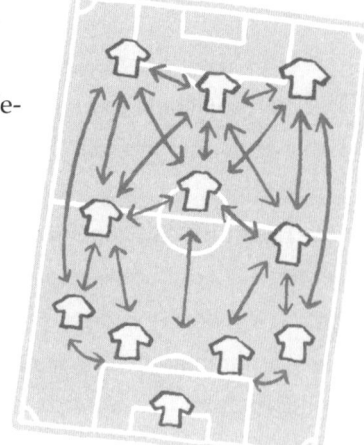

TRAINER DES JAHRHUNDERTS

Nach seiner erfolgreichen Zeit bei Ajax ging Michels nach Spanien, um den FC Barcelona zu trainieren. Dank seiner innovativen Trainingsmethoden und Taktiken gewann Barcelona zum ersten Mal seit 14 Jahren wieder die spanische Meisterschaft.

Danach wurde Michels Trainer der niederländischen Nationalmannschaft. Die Niederlande waren damals eine mittelmäßige Fußballnation. Als Michels jünger war, hatte er für sein Land gespielt, ohne aber ein Tor zu erzielen oder ein einziges Spiel zu gewinnen. Aber mit ihm als Trainer mauserten sich die Holländer, wie die Niederländer oft genannt werden, zu einer der besten Mannschaften der Welt. Im Finale der WM 1974 unterlagen sie nur knapp gegen Gastgeber Deutschland. Später führte Michels die Nation zu ihrem einzigen großen Titel im Fußball, der Europameisterschaft 1988. Was für eine unglaubliche Leistung! 1999 wurde Michels von der FIFA zum Trainer des Jahrhunderts gekürt.

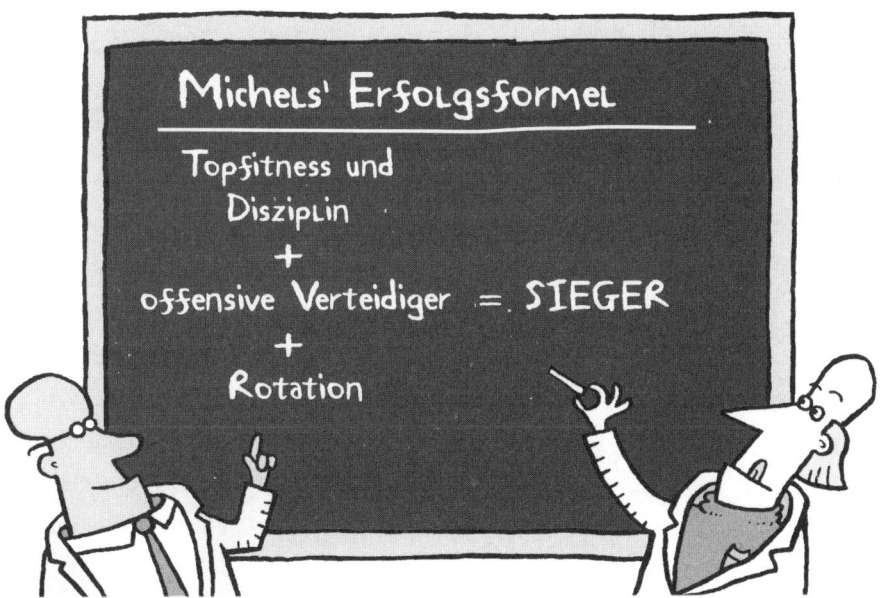

BLEIBENDES VERMÄCHTNIS

Rinus Michels ist nicht nur wegen seiner vielen Titel eine wichtige Figur in der Fußballgeschichte, sondern auch, weil er ein Vermächtnis hinterließ. Ein Vermächtnis ist etwas, das über Generationen weitergegeben wird, wie die Vase, die anzufassen dir deine Mutter immer verbietet, oder ein Bild deiner Großeltern, als sie selbst Kinder waren.

Ein Vermächtnis muss kein Gegenstand sein: Es kann auch der schlechte Atem deiner Tante sein oder, wie in diesem Fall, eine bestimmte Weise, etwas zu tun. Michels' Vermächtnis ist seine Philosophie des „totalen Fußballs", bei dem sich die Abwehrspieler stets in den Angriff einschalten und Spieler ihre Positionen tauschen. Man braucht sich nur den FC Barcelona anzuschauen, dessen heutiges Spielsystem noch immer auf den Ideen beruht, die Michels vor so vielen Jahren eingebracht hat.

HELFENDER FUSS

Michels hatte aber auch eine Portion Glück. Als er Trainer bei Ajax war, war sein bester Spieler der niederländische Stürmer Johan Cruyff. Man sagte damals, Cruyff sei „vierfüßig", denn er war der erste Spieler, der den Ball sowohl mit der Außenseite als auch der Innenseite seines Fußes spielen konnte. Cruyff verstand Michels' Idee des „totalen Fußballs" besser als jeder andere. Er wies seine Mitspieler in den Spielen sogar an, wohin sie laufen sollten.

Als Cruyff seine Karriere als Spieler beendete, wurde auch er Trainer, erst bei Ajax und später in Barcelona, so wie sein früherer Lehrmeister. Bei Ajax sorgte Cruyff dafür, dass die Mannschaft Michels' Spielweise beibehielt. Und das tut sie bis heute – von den Junioren bis zur Profimannschaft. In Barcelona tat er das Gleiche. Michels' Philosophie wurde zu Cruyffs Philosophie. Noch heute wird in Barcelonas Jugendakademie, wo Lionel Messi und viele andere tolle Spieler ausgebildet wurden, die Spielweise gelehrt, die von Michels erfunden und von Cruyff weitergeführt wurde. Und es funktioniert.

Ich bin vierfüßig!

WELTWEITE PHILOSOPHIE

In den letzten Jahren hat Barcelona mehr Trainer hervorgebracht als jeder andere Klub; Pep Guardiola z. B., den spanischen Mittelfeldspieler, der elf Jahre im Verein kickte und ihn 2009 als Trainer zu sechs Titeln in einem einzigen Jahr führte.

Insgesamt sind sage und schreibe zehn von Guardiolas Mitspielern Trainer geworden, und zwar nicht nur in Spanien. Zum Teil wurden sie 1996 noch von Cruyff trainiert. Michels' ursprüngliche Philosophie ist heute ein globales Phänomen.

Pep Guardiola war der erfolgreichste Trainer in der Geschichte des FC Barcelona: Er gewann dreimal die spanische Meisterschaft und zweimal die Champions League, dazu den spanischen Pokal und Supercup sowie den UEFA Super Cup und die Klub-WM.

MICHELS' PHILOSOPHIE GEHT UM DIE WELT

BARCELONA-SPIELER 1996	SPÄTER TRAINER BEI
Abelardo	Sporting Gijón
Guillermo Amor	Adelaide United
Sergi Barjuán	UD Almería
Laurent Blanc	Bordeaux/Frankreich/PSG
Luis Enrique	Celta Vigo/AS Rom/Barcelona
Albert Ferrer	RCD Mallorca

HOLLÄNDISCHE BLÜTE

Ein weiteres Vermächtnis von Michels ist der erstaunliche Erfolg des niederländischen Fußballs. Die Niederlande, die gemessen an der Bevölkerung nicht einmal zu den zehn größten Ländern in Europa gehören, zählen bei vielen WM-Tur- nieren zu den besten Mannschaften. England hat in den 48 Jahren seit dem WM-Sieg 1966 nicht ein einziges Mal das Finale erreicht. Die Niederlande hingegen standen seitdem dreimal im Endspiel und zweimal im Halbfinale.

Die Niederlande bringen außerdem mehr erfolgreiche Trainer hervor als jede andere kleine Nation. Mehr als 50 Jahre, nachdem Michels Trainer bei Ajax wurde, werden seine Methoden weiterhin angewendet. Deswegen wird er als der Erfinder des modernen Fuß- balls bezeichnet. Cruyff setzte seine Arbeit fort, aber Michels war der wichtigste Philosoph des Fußballs.

BARCELONA-SPIELER 1996	SPÄTER TRAINER BEI
Óscar García	Maccabi Tel Aviv/Brighton/RB Salzburg
Pep Guardiola	Barcelona/Bayern München/Manchester City
Julen Lopetegui	Spanien U21/Porto
Juan Antonio Pizzi	San Lorenzo/Valencia/Chile
Robert Prosinečki	Roter Stern Belgrad/Aserbaidschan
Christo Stoitschkow	Bulgarien/ZSKA Sofia

WIE BITTE?

Auch Johan Cruyff wurde als Fußball-Philosoph bezeichnet, oft wegen seiner rätselhaften und hintergründigen Aussagen. Hier einige seiner berühmten Aussprüche:

PHILOSOPHIE-QUIZ

1. Von welchem Philosophen stammt der Ausspruch „Cogito ergo sum"?

a) René Descartes
b) Plato
c) Sepp Herberger
d) Aristoteles

2. Der Begriff Philosophie leitet sich von zwei griechischen Wörtern ab: „philo", was „Liebe zu" bedeutet, und „sophia", das was bedeutet?

a) Weisheit
b) Lachen
c) Mädchen
d) Sofa

3. Welcher der folgenden Trainer hat *nicht* als Lehrer gearbeitet?

a) Rinus Michels
b) José Mourinho
c) Pep Guardiola
d) Louis van Gaal

4. Vervollständige das Zitat des französischen Philosophen Albert Camus: „Alles, was ich über Moral und Verpflichtungen weiß, verdanke ich ..."

a) Tim und Struppi
b) Torhütern
c) dem Fußball
d) Antoine Griezmann

5. Welcher kluge Mann sagte: „Wenn du ein glückliches Leben willst, verbinde es mit einem Ziel, nicht aber mit Menschen und Dingen"?

a) Albert Einstein
b) Petr Čech
c) Stephen Hawking
d) Jean-Paul Sartre

FOTO-AG

Fotos von einem Fußballspiel zu machen, ist ganz einfach, oder? Alles, was du tun musst, ist die Kamera auf den Platz zu richten und einen Knopf zu drücken. Nun, ganz so einfach ist es nicht.

Die Arbeit eines Profifotografen bei einem Fußballspiel ist ein bisschen so wie der Job eines Fußballers: Man braucht gute Technik, muss schnell sein, Chancen kreieren und ein Gespür für das Spiel haben. Ein tolles Foto zu schießen ist so aufregend, wie ein tolles Tor zu schießen. In dieser Stunde lernst du, wie du ein Bombenfoto schießt. Aber erst einmal schauen wir uns an, wie eine Kamera funktioniert. Bitte lächeln!

ES WERDE LICHT

Das Auge ist ein erstaunliches Organ. Wenn du einen Gegenstand betrachtest, werden Lichtstrahlen von diesem Gegenstand reflektiert, durchqueren die **Linse** vorne am Auge und erstellen ein **Bild** auf der **Netzhaut** an der Hinterseite des Auges. Dieses Bild steht zunächst auf dem Kopf. Unser Gehirn dreht es richtig herum – ansonsten würde uns ziemlich schwindlig werden.

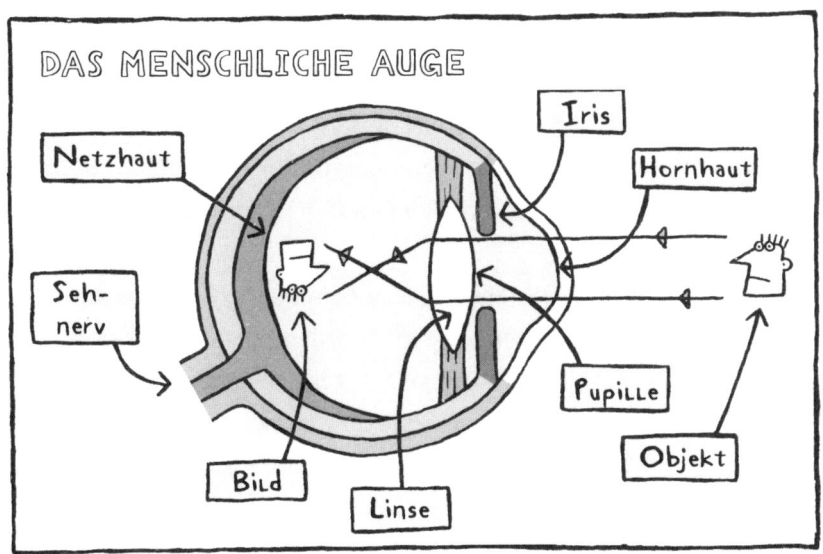

DAS MENSCHLICHE AUGE

Netzhaut · Iris · Hornhaut · Seh-nerv · Pupille · Objekt · Bild · Linse

Eine Kamera funktioniert wie ein mechanisches Auge. Der vordere Teil hat eine Linse, **Objektiv** genannt, und der hintere einen Sensor, wo das Bild festgehalten wird. Das Bild auf dem Sensor ist ebenfalls verkehrt herum. In diesem Fall ist es der Computer in der Kamera, der es richtig herum dreht.

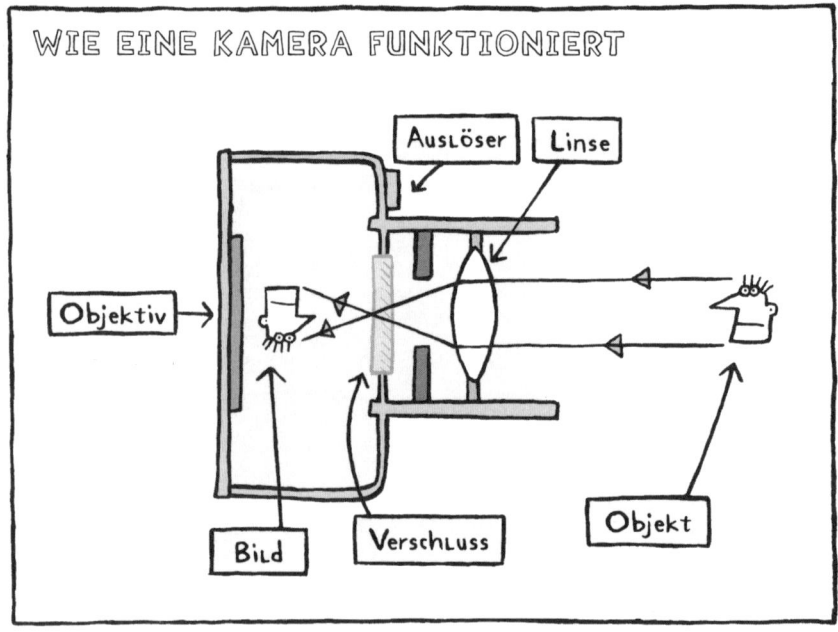

Die Kamera hat außerdem einen **Verschluss**, der sich direkt vor dem Sensor befindet. Der Verschluss sorgt dafür, dass kein Licht eindringt. Wenn du den **Auslöser** drückst, wird der Verschluss für einen kurzen Moment geöffnet, so dass Licht auf den Sensor trifft und eine Aufnahme entsteht.

Wenn ein Fotograf Aufnahmen bei einem Fußballspiel macht, stellt er den Verschluss so ein, dass er nur für 1/1.600 Sekunde pro Bild geöffnet wird. Falls er länger geöffnet ist, besteht die Gefahr, dass sich die Spieler bewegen und das Bild verwackelt.

NAH UND FERN

Professionelle Kameras bestehen aus zwei Teilen: dem **Gehäuse** (das Sensor, Auslöser und Verschluss umfasst) und dem Objektiv, das an- und abgeschraubt werden kann. Fotografen müssen nämlich häufig das Objektiv wechseln, je nachdem, was sie aufnehmen möchten. Ein Fotograf bei einem Fußballspiel hat normalerweise um die fünf Objektive in seiner Tasche.

Ein Objektiv mit kurzer Brennweite ist besonders gut geeignet, um nahe Gegenstände oder größere Szenen festzuhalten. Ein Objektiv mit langer Brennweite dient dazu, Gegenstände, die weit entfernt sind, näher heranzuholen.

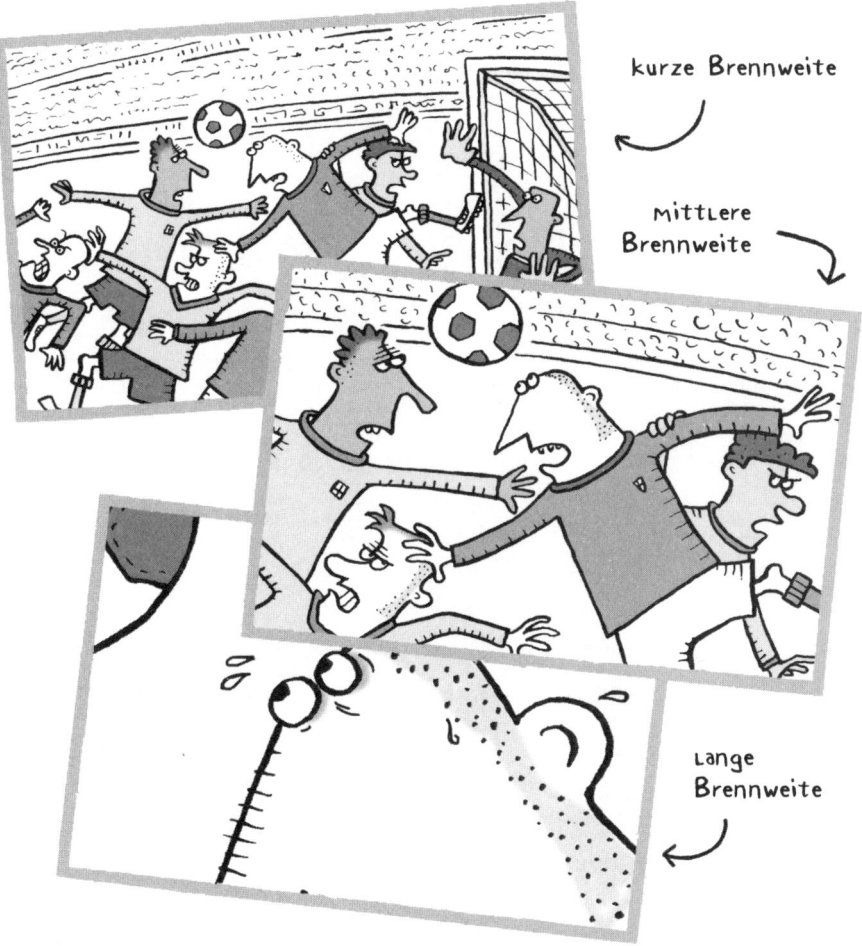

kurze Brennweite

mittlere Brennweite

Lange Brennweite

Die größten Objektive sind genau wie Teleskope. Sie sind so lang und schwer, dass der Fotograf sie auf einem Stativ fixieren muss.

SPIELVERLAUF

Ein Fotograf trifft etwa drei Stunden vor dem Anpfiff ein, um sich in Position zu bringen. Ihm wird ein Platz in der Nähe der Seitenlinie zugewiesen, wo er für die Dauer des Spiels bleiben muss.

Sobald das Spiel angepfiffen ist, ist es Aufgabe des Fotografen, die wesentlichen Momente des Spiels im Bild festzuhalten.

Welche Momente sind das? Tore, klar; wichtige Paraden; eventuell entscheidende Fouls oder Abwehraktionen. Das sind die Aufnahmen, die Zeitungen und Websites haben möchten.

Wie ein Jäger, der ein Tier durch den Sucher seines Gewehrs verfolgt, folgen die meisten Fotografen dem Ball durch den Sucher ihrer Kamera. Selbst die Sprache von Jagd und Fotografie ähneln sich: Man schießt mit einem Gewehr, und man schießt mit einer Kamera.

Normalerweise passiert das meiste da, wo der Ball ist. Deshalb behält ihn ein Fotograf stets im Auge. Aber mit halbem Auge achtet er auch auf den Rest, denn Fußball ist sehr schnell und unberechenbar.

Wenn der Ball in der Nähe des Tores ist, machen sich die Fotografen bereit, den Auslöser zu drücken – aber nicht, um nur *ein* Foto zu machen. Eine professionelle Sportkamera hat einen Motor am Auslöser, der zwölf Bilder pro Sekunde ermöglicht. Klick-klick-klick-klick-klick-klick-klick-klick-klick-klick-klick-klick. Es klingt eher wie ein Maschinengewehr als eine Kamera.

Der Fotograf muss so viele Bilder hintereinander machen, weil alles so schnell passiert und er sonst vielleicht den Moment verpasst, in dem der Spieler schießt. In einem ereignisreichen Spiel kann ein Fotograf schon mal mehr als 1.000 Fotos machen, also etwa alle fünf Sekunden ein Bild. Falls das Spiel eher langweilig ist, sind es vielleicht so um die 100, etwa ein Bild pro Minute.

Wenn ein Tor geschossen worden ist, braucht man kein Bild vom Ball, wie er im Tor liegt. Alle Bälle und alle Netze sehen gleich aus. Man möchte Bilder vom jubelnden Torschützen! Die Freude, die er ausstrahlt, spricht Bände.

Ein erfahrener Fotograf achtet außerdem darauf, was abseits des Platzes vor sich geht. Manchmal geben der Trainer an der Seitenlinie oder die Fans auf den Rängen ein tolles Foto her, mit dem sich das Spiel gut beschreiben lässt.

Ein gutes Bild sollte nicht nur den Moment festhalten, sondern auch **scharf** sein und einen gut gewählten **Ausschnitt** zeigen.

FOKUSSIERUNG

Wenn du eine Kamera auf einen Gegenstand in der Ferne richtest, wird der Gegenstand meist verschwommen sein. Den Vorgang, das Bild durch leichte Anpassungen am Objektiv scharf und klar zu stellen, nennt man **Fokussierung**. Zum Glück haben alle modernen Kameras einen sogenannten Autofokus, d. h. die Fokussierung wird automatisch von einem Computer vorgenommen.

Eine Kamera kann aber immer nur Objekte fokussieren, die gleich weit von der Kamera entfernt sind. Wenn also etliche begeisterte Fans auf der Tribüne jubeln, musst du dich entscheiden, welche du im Fokus haben willst. Der Fotograf entscheidet mithilfe des Suchers, welchen Teil des Bildes er scharf stellen möchte. Bei Kameras von Nikon schaut das häufig so aus. Der Fotograf hat 51 Punkte auf dem Bild zur Wahl, die er fokussieren kann, jeweils angezeigt durch einen

kleinen Kasten. Mit dem Daumen kann er sich durch die Kästen bewegen und den gewünschten auswählen.

ALLES IM RAHMEN

Um ein gutes Bild zu erhalten, brauchst du schnelle Augen, Finger und Daumen. Aber nicht nur die Technik ist wichtig: Ein toller Fotograf ist auch ein Künstler.

Wenn du ein Bild von einem Fußballer machst, befindet er sich im Idealfall in der Mitte des Bildes, wie in einem **Rahmen**. Blöd ist es, wenn ein Teil des Kopfes abgeschnitten ist oder ihn ein anderer Spieler verdeckt oder sich etwas Störendes im Hintergrund befindet.

Die besten Fotos sind wie Gemälde. Der Unterschied ist, dass du dir bei einem Gemälde aussuchen kannst, was du zeigen möchtest. Mit einem Foto kannst du nur das festhalten, was sich vor deinen Augen abspielt.

Herausragende Fußballfotos zu schießen ist eine echte Herausforderung. Es gibt viele Dinge, auf die du achten musst: das richtige Objektiv, die Fokussierung, den passenden Bildausschnitt – und nicht den richtigen Moment zu verpassen. Rob MacNeice, ein Mitarbeiter von Nikon, erklärte uns, dass der Fußball wegen seines Tempos und seiner Unberechenbarkeit eine der Sportarten ist, die besonders schwierig zu fotografieren sind.

RASENDE REPORTER

Viele Kameras sind heute mit kabellosen Sendern ausgestattet, die Bilder verschicken, sobald sie an einen sogenannten Dongle in der Tasche des Fotografen geleitet werden. Vom Dongle aus werden sie per Satellit in die Sportredaktion einer Zeitung oder Website geschickt. Der Bildredakteur sucht dann das beste Foto aus. Manchmal dauert es keine zehn Sekunden, bis ein gerade geschossenes Foto im Netz für jeden zu sehen ist.

PAT PARAZZI

★ KLASSEN BESTER

99 Lächeln! 66

★★★ STECKBRIEF

Zahl der Objektive in der Tasche: 6
Fotoalben zu Hause: 356
Lichtgeschwindigkeit: 1.079.252.848.8 km/h
Geburtsort: Panorama City, USA
Lieblingsverein: FC Carl Zeiss Jena
Lieblingsspieler: Chris Kamara
Lieblingsstadion: Stadion des Lichts, Lissabon
☆ Spezialität: immer objektiv

FOTO-AG-QUIZ

1. Welcher der folgenden Begriffe hat mit Fotografie zu tun?

a) Zoom
b) Simba
c) Pop
d) Fizz

2. Wie nennt man ein dreibeiniges Fotostativ?

a) Einhorn
b) Zwielicht
c) Tripod
d) Quartett

3. Nach einem Tor gegen Mönchengladbach im Oktober 2016 schnappte sich Bayern-Spieler Douglas Costa das Smartphone eines Fans. Was tat er dann?

a) Er warf es in die Menge.
b) Er tat so, als wäre es ein Ball, und schoss es in die Luft.
c) Er machte ein Selfie von sich und dem Fan.
d) Er macht sich aus dem Staub damit.

4. Ein Paparazzo ist:

a) ein italienischer Fotograf, der sich auf die Serie A spezialisiert hat.
b) ein Fotograf, der Bilder von Prominenten und deren Partnern in der Öffentlichkeit macht und diese an Magazine und Websites verkauft.
c) eine liebevolle Bezeichnung für den ältesten und väterlichsten Fotografen bei einem Fußballspiel.
d) ein Fotograf, der vom Fallschirm aus Luftaufnahmen von einem Fußballspiel macht.

5. Digitale Fotos bestehen aus winzigen Punkten namens Pixel. Wie viele Pixel passen in den meisten Sportmagazinen auf eine 1 inch (2,54 cm) lange Linie wie diese?

a) 50
b) 150
c) 300
d) 1.000

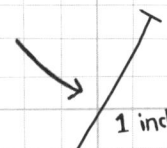

1 inch

Profifußballer können ziemlich reich sein. Die Topspieler von Manchester United und Real Madrid verdienen in einer Woche mehr als Ärzte, Landwirte, Lehrer, Wissen- 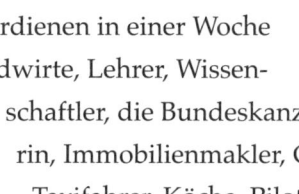 schaftler, die Bundeskanzle- rin, Immobilienmakler, Gärtner, Taxifahrer, Köche, Piloten, Sol- daten, Fitnesstrainer, Hunde- führer und Astronauten in einem ganzen Jahr. Wie kommt es, dass Fuß- ballprofi einer der bestbezahlten Berufe auf der Welt ist? In dieser Stunde schauen wir uns an, wie die geschäftli- che Seite des Fußballs funktioniert und wie diese sich im Laufe der letzten Jahr- zehnte verändert hat. Es ist heute kaum noch vorstell- bar, aber es gab mal Zei- ten, als Fußballer nicht besonders viel verdienten.

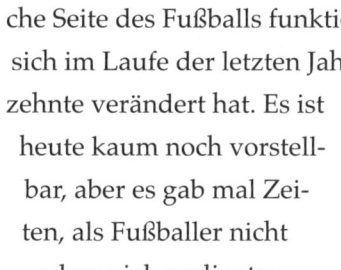

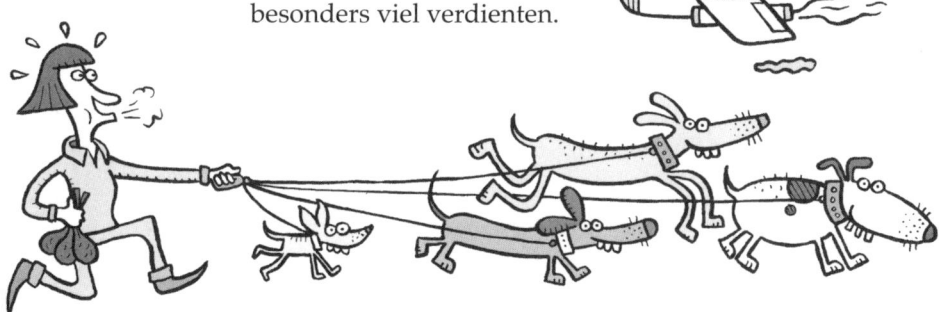

ANGEBOT UND NACHFRAGE

Schauen wir uns zunächst an, warum Fußballer so wertvoll sind. Am Wochenende waren wir beim Schulfest der Fußballschule, und am Kuchenstand war nur noch ein Stück übrig. Wir essen beide gerne Kuchen und hatten großen Hunger. Sehen wir uns mal an, was passierte.

Ben bekam den Kuchen, weil er am meisten bezahlen konnte. Und genau so läuft es im Fußball. Der Spielermarkt ist wie ein Kuchen: Die Klubs bezahlen für die Stücke vom Kuchen, die sie haben möchten, so viel sie in der Tasche haben.

Mit anderen Worten: Die besten Fußballer werden unheimlich gut bezahlt, weil ihre Vereine es sich leisten können. Wenn du etwas wirklich haben willst, wirst du so viel dafür bezahlen, wie du kannst. Nun müssen wir herausfinden, warum Vereine so viel Geld haben.

GELD REGIERT DIE WELT

Die meisten Unternehmen arbeiten auf der Basis, dass Geld hereinkommt (**Einnahmen**) und Geld hinausgeht (**Ausgaben**).

AUSGABEN:

Spielergehälter.
Gehälter für sonstige Ange-
stellte wie z. B. Trainer,
Betreuer, den Platzwart, der
den Rasen mäht, und den Fahrer
des Mannschaftbusses.

Bau des Stadions und dessen Wartung, wenn es fertig ist.

EINNAHMEN:

Eintrittskarten. Fans, die ihre Mannschaft sehen wollen, kaufen Tickets für die Spiele, und dieses Geld geht an die Klubs.

Fernsehrechte. Sender wie ARD, ZDF und Sky zahlen den Vereinen Geld dafür, ihre Spiele übertragen zu dürfen. Ein Bezahlsender wie Sky ist darauf angewiesen, dass Zuschauer ein Abonnement abschließen, um die Spiele sehen zu können.

Sponsoren. Unternehmen zahlen den Vereinen Geld dafür, ihre Markennamen auf das Trikot oder im Stadion zu platzieren, so dass so viele Menschen wie möglich die Marke zu sehen bekommen.

Merchandising. Fans kaufen offizielle Teamtrikots, Schlüsselanhänger, Tassen, Kalender und andere lizenzierte Produkte, und ein Teil dieses Geldes fließt zurück an die Vereine.

Titel gewinnen. Wenn man die Bundesliga oder die Champions League gewinnt, bekommt man nicht nur einen Pokal, sondern auch Geld.

Schenkungen. Manche Klubs haben reiche Besitzer, die oft in die eigene Tasche greifen, um dem Verein auszuhelfen.

Abgesehen von solchen Schenkungen und dem Geld für Titelgewinne stammen letztlich alle Einnahmen von den Fans …

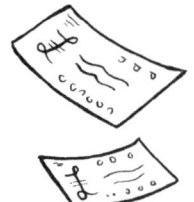

Wenn wir zu einem Spiel gehen, geben wir Geld aus.

Ka-tsching!

Wenn wir einen Schlafanzug mit dem Logo unseres Vereins kaufen, geben wir Geld aus.

Ka-tsching!

Wenn wir einen Bezahlsender abonnieren, geben wir Geld aus.

Ka-tsching!

Die meisten Fußballfans sind vielleicht nicht reich, aber es gibt Millionen von uns. Wenn wir alle kleine Beträge für Tickets, TV-Abos und Trikots ausgeben, kommt einiges zusammen. Die Vereine haben viel Geld wegen dir und mir. Das Geld verlässt unsere Taschen und landet letztlich in den Taschen der Fußballer.

DIE REICHEN WERDEN REICHER

In der Wirtschaft ist es meistens einfacher, Geld zu machen, wenn man bereits Geld hat.

Die reichsten Klubs haben das meiste Geld, also können sie die größten Stadien bauen. Wenn sie die größten Stadien bauen, können sie die meisten Tickets verkaufen. Wenn sie die meisten Tickets verkaufen, verdienen sie das meiste Geld. Sie werden also noch reicher.

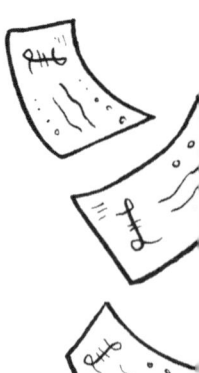

ERFOLG ERZEUGT ERFOLG

Im Fußball ist es meistens einfacher, die besten Spieler zu kaufen, wenn man bereits die besten Spieler hat.

Die reichsten Klubs können sich die besten Spieler leisten, also haben sie die besten Chancen, Titel zu gewinnen. Je mehr Titel ein Klub gewinnt, desto mehr Preisgelder und Fernsehgelder erhält er (weil er häufiger im Fernsehen gezeigt wird). Er bleibt also einer der reichsten Klubs und kann weiterhin die besten Spieler kaufen.

MODERNE MILLIONÄRE

Du denkst vielleicht, dass Spitzenfußballer seit jeher in Luxusvillen wohnen, teure Autos fahren und schicke Klamotten tragen. Aber das stimmt nicht. Der Fußballmillionär ist ein noch recht neues Phänomen. Bis 1961 durften z. B. Fußballer in England höchstens 20 £ die Woche verdienen, was heute etwa 450 € die Woche entspräche. Das ist weniger, als ein Grundschullehrer verdient.

Die Fußballer waren sauer über ihren niedrigen Lohn. Deshalb drohten sie damit, mit dem Spielen aufzuhören, wenn ihnen nicht erlaubt würde, mehr zu verdienen. Die Fußball-Ligen gaben den Forderungen der Spieler nach, und die Obergrenze von 20 £ wurde aufgehoben. Daraufhin wurde Johnny Haynes vom FC Fulham der bestbezahlte Fußballer des Landes mit 100 £ die Woche (umgerechnet heute ca. 2.250 €).

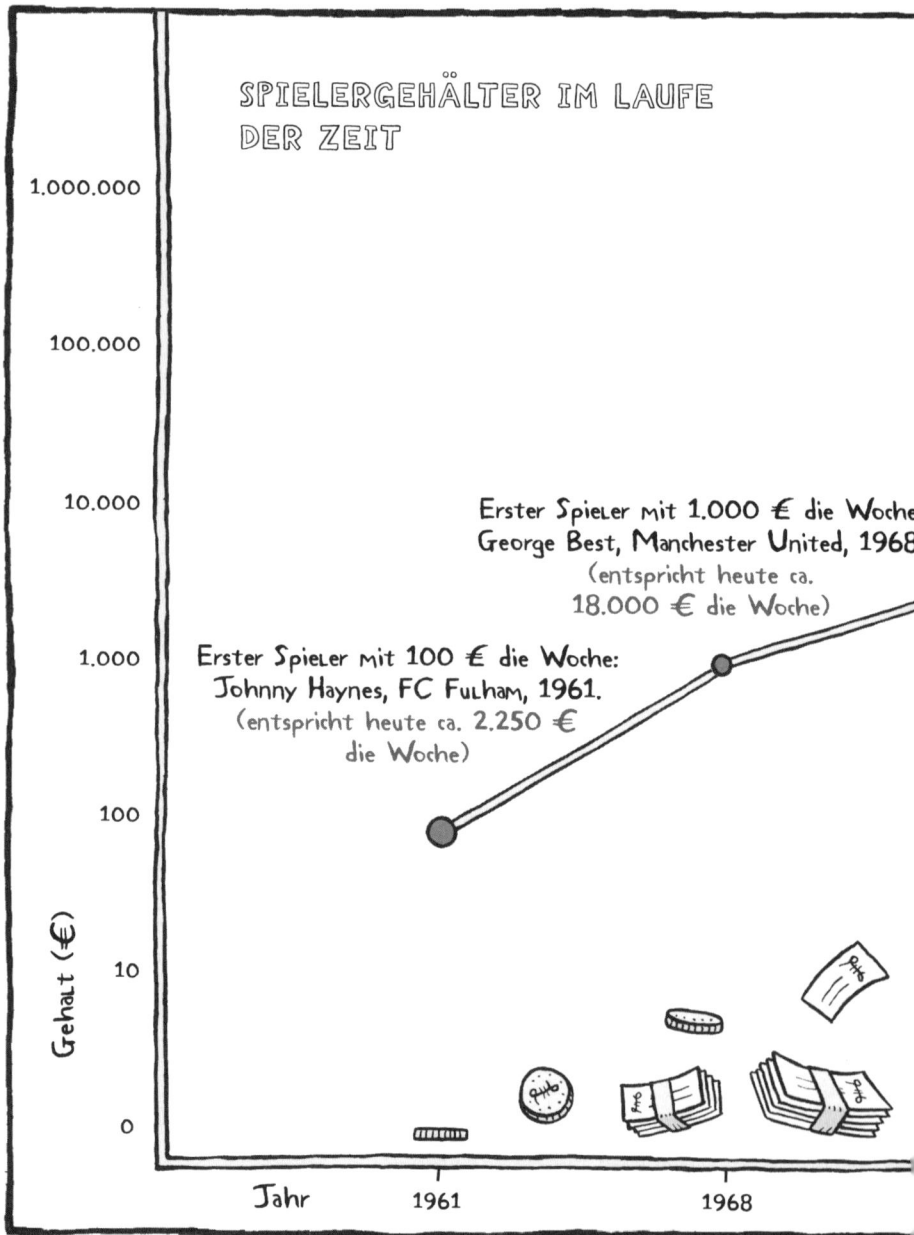

SPIELERGEHÄLTER IM LAUFE DER ZEIT

Erster Spieler mit 1.000 € die Woche: George Best, Manchester United, 1968 (entspricht heute ca. 18.000 € die Woche)

Erster Spieler mit 100 € die Woche: Johnny Haynes, FC Fulham, 1961. (entspricht heute ca. 2.250 € die Woche)

1.000.000

100.000

10.000

1.000

100

10

0

Gehalt (€)

Jahr   1961   1968

Die folgende Grafik zeigt die bestbezahlten Spieler ihrer Zeit. Das Wachstum ist erstaunlich: Ronaldo verdient heute ungefähr 500-mal so viel wie Haynes 1961.

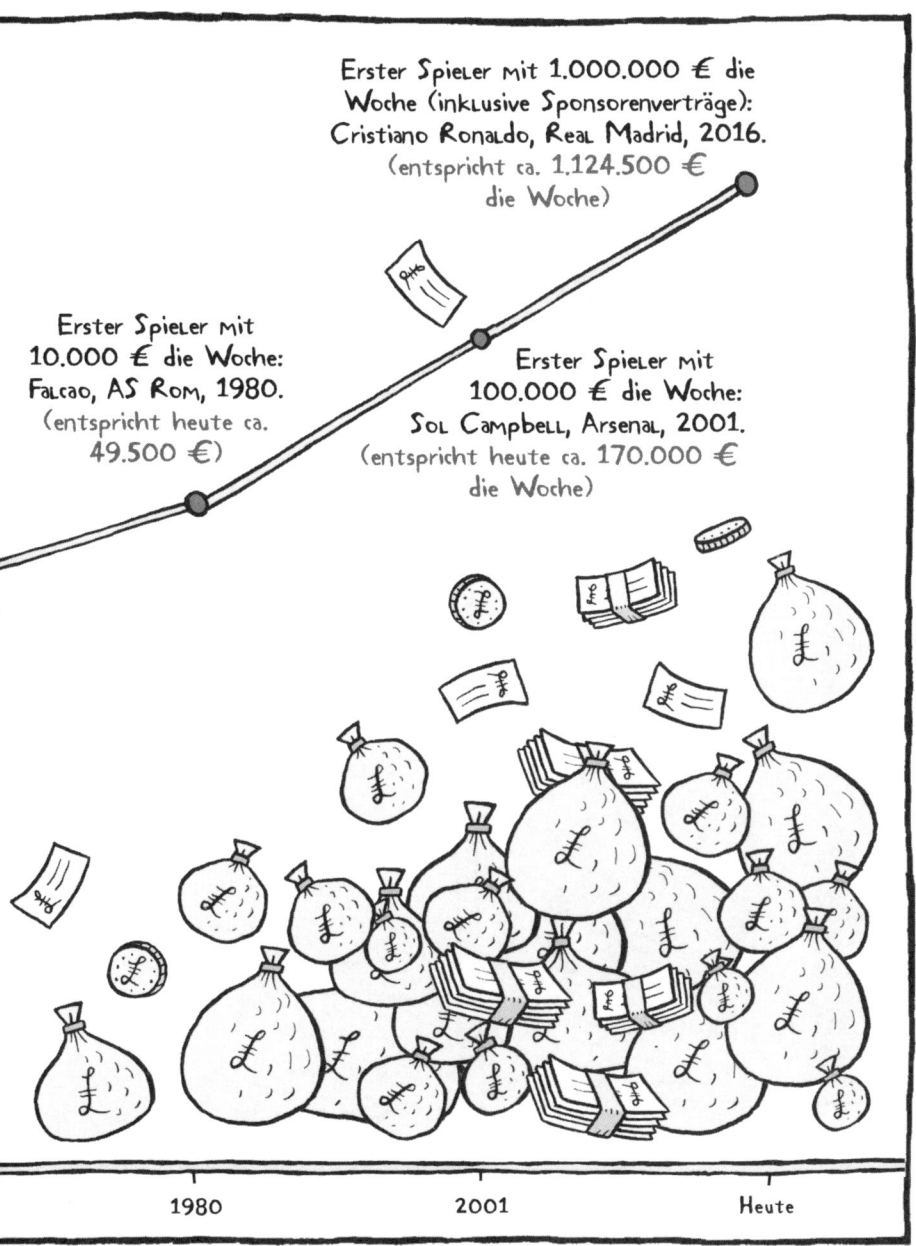

Die Gehälter sind so rasant gestiegen, weil im Fußball heute sehr viel mehr Geld im Spiel ist. Dafür gibt es mehrere Gründe:

1. Die Ticketpreise sind gestiegen und die Stadien größer geworden, so dass die Klubs am Spieltag mehr Geld verdienen.

2. Die Fernsehgelder, die von den Sendeanstalten gezahlt werden, sind massiv gestiegen. Dank der Einnahmen aus Abonnements können Bezahlsender den Vereinen immer mehr zahlen.

3. Immer mehr Fußball wird im Fernsehen gezeigt, die Spiele werden auf der ganzen Welt verfolgt. Der Sport ist heute allgegenwärtig, und die Klubs können noch mehr verdienen durch Sponsorengelder und Merchandisingverträge.

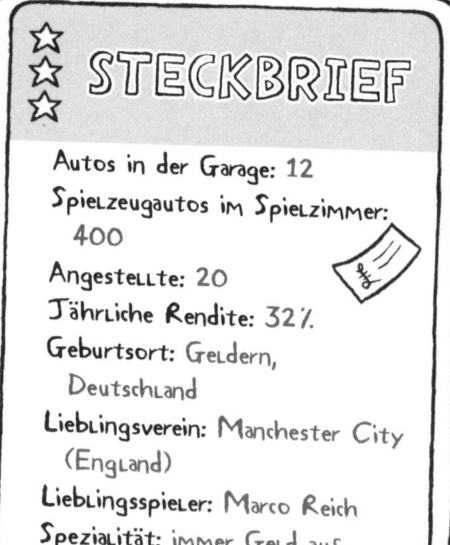

KLASSEN BESTER

RAY BACH

99 Ka-tsching! 66

☆☆☆ STECKBRIEF

Autos in der Garage: 12
Spielzeugautos im Spielzimmer: 400
Angestellte: 20
Jährliche Rendite: 32%
Geburtsort: Geldern, Deutschland
Lieblingsverein: Manchester City (England)
Lieblingsspieler: Marco Reich
☆ Spezialität: immer Geld auf Tasche

WIRTSCHAFTSKUNDE-QUIZ

1. Wie heißt die spanische Währung?

a) Tortilla
b) spanischer Dollar
c) Pesete
d) Euro

2. Wenn ein Fußballer 1.000.000 € in der Woche verdient, wie viel verdient er dann pro Sekunde?

a) 0,16 Cent
b) 1,6 Cent
c) 16 Cent
d) 1,65 €

3. Liste die folgenden Personen von reich nach arm auf.

a) reichster Fußballer der Welt
b) reichster Boxer der Welt
c) reichster Filmstar der Welt
d) reichster Bankier der Welt

4. Manchester City gehört Scheich Mansour, einem der reichsten Männer der Welt. Aus welchem Land stammt er?

a) Vereinigte Arabische Emirate
b) Hongkong
c) Ägypten
d) Saudi-Arabien

5. Was schenkte Cristiano Ronaldo, der bestbezahlte Sportler der Welt, seinem Berater Jorge Mendes zur Hochzeit?

a) ein Exemplar von *Die Fußballschule*
b) Kissenbezüge
c) eine Jahreskarte für Real Madrid
d) eine griechische Insel

D ie Blauen! Die Roten! Die Weißen!
Die Gelben!

Nein, wir reden nicht über Bens Filz-
stiftsammlung, sondern über Fußballvereine und ihre Trikots. Die Trikotfarbe ist ein
so wichtiges Kennzeichen jedes Klubs, dass
die Fans sie oft als Spitzname für ihren Verein verwenden. In dieser
Stunde erfahren wir, wie manche Klubs zu ihren charakteristischen
Farben gekommen sind

Außerdem schauen wir uns Nationaltrikots an. Warum spielen manche Länder in den Farben ihrer Nationalflagge und andere
nicht? Hinter jedem Trikot steckt eine spannende Geschichte. Aber
zuerst reisen wir in die Vergangenheit, zu den Anfangstagen des
Spiels.

ZEIGT HER EURE MÜTZEN

Mitte des 19. Jahrhunderts gab es im Fußball noch keine Kleider-
ordnung. Stattdessen trugen die Spieler das, was sie eben hatten.
Bisweilen war das weiße Cricket-Kleidung, denn Cricket war damals
bereits ein etablierter Sport. Um die Teams unterscheiden zu können,
trugen die Spieler verschiedenfarbige Mützen auf den Köpfen oder
Schärpen über ihren Hemden.

Aber das konnte ziemlich verwirrend sein – stell dir mal vor, was
passiert, wenn alle Spieler ihre Mützen verlören!

In den 1860er Jahren wurden in England die ersten Vereine gegründet. Im Lauf der nächsten zehn Jahre einigten sie sich darauf, dass die Spieler fortan farbige Trikots tragen würden. Viele Klubs übernahmen ihre Team-farben von Schulen – sei es von solchen, die die Gründer besucht hatten, oder solchen, deren Teams sie bewunderten. Die Blackburn Rovers z. B. beriefen sich bei der Gestaltung ihrer Trikots auf Malvern College, eine Schule in Worcestershire.

NACHMACHER!

Die meisten frühen Spielkleidungen waren in Farben wie Weiß, Schwarz, Blau oder Rot gehalten, weil das billiger war. Klubs, die später gegründet wurden, orientierten sich bei der Gestaltung häufig an der Kleidung anderer, bereits etablierter Teams.

TEAM	FARBEN	INSPIRIERT VON
Arsenal	rote Trikots	Nottingham Forest
Athletic Bilbao	rot-weiße Streifen	Southampton
Juventus	schwarz-weiße Streifen	Notts County
Leeds	weiß	Real Madrid

VON CROSBY NACH KATALONIEN

Hinter den Trikotfarben jedes Klubs steckt eine Geschichte. So auch hinter den blau-roten Streifen des FC Barcelona. Streng genommen sind es sogar zwei Geschichten, denn niemand weiß, welche die wahre ist.

Die erste Geschichte beginnt Ende des 19. Jahrhunderts in Crosby in der Nähe von Liverpool. Crosby ist die Heimat einer berühmten Schule namens Merchant Taylors' School. Das Wappen der Schule zeigt einen Löwen auf blauem Grund, umringt von roten Verzierungen. Man beachte die Farben: Blau und Rot.

Die sportverrückten Brüder Arthur und Ernest Witty gingen in Merchant Taylors' zur Schule. Nach ihrem Abschluss zogen sie nach Barcelona in Spanien, wo ihr Vater eine Reederei betrieb. Im Herbst 1899 begannen sie sich in einem neuen Fuß- ballverein namens FC Barcelona zu en- gagieren. Das Unternehmen ihres Va- ters importierte Lederbälle, Netze und Schiedsrichterpfeifen aus England für den Klub.

Sowohl Arthur als auch Ernest spielten für Barce- lona, und Arthur wurde Klubpräsident. Als das Team sich auf die Farben sei- ner Trikots einigen musste, ent- schied man sich für … Blau und Rot! Anscheinend wählten die Witty- Brüder die Farben ihrer alten Schule für den FC Barcelona.

Der Klub war damals noch nicht sehr bekannt, wurde später aber zu einem der erfolgreichsten Vereine der Welt. Er gewann viele Male die spanische Meisterschaft und die Champions League. Die blau-ro- ten Trikots des FC Barcelona zählen zu den bekanntesten Spielklei- dungen im Sport – und haben ihre Farben womöglich einer Schule im Norden von England zu verdanken.

Aber nun zur zweiten Geschichte. Die andere Erklärung für Bar- celonas Farben ist, dass der Schweizer Gründer des Klubs, der aus

Basel stammende Hans Gamper, die Farben des FC Basel übernahm – die ebenfalls Blau und Rot sind.

Historiker werden wohl noch ewig darüber streiten, wie genau der FC Barcelona zu seinen Farben gekommen ist. Wir von der Fußballschule halten uns lieber an die erste Geschichte – wir Schulen müssen schließlich zusammenhalten!

GANZ SCHÖN FRUCHTIG

Der FC Barcelona ist aufgrund der blau-roten Spielkleidung auch als Blaugrana bekannt. Auf Katalanisch, der Sprache, die in der Stadt gesprochen wird, bedeutet „blau" natürlich blau und „grana" leitet sich ab vom Wort für Granatapfel, einer rötlichen Frucht. „Blaugrana" heißt also „Blau und Granatapfel". Mjam.

FARBENBLIND

Wie wir gesehen haben, ist die Spielkleidung ein wichtiger Teil der Klub-Identität. Fans können sehr empfindlich sein, wenn es um die Farben ihres Vereins geht. Schauen wir uns an, was vor ein paar Jahren mit Cardiff City passiert ist.

Im Mai 2010 wurde der walisische Verein von Vincent Tan gekauft, einem reichen Geschäftsmann aus Malaysia. Die Fans waren begeistert, denn er versprach, viel Geld zu investieren und den Klub in die Premier League zu bringen.

Doch er stellte eine Bedingung: Er wollte die Klubfarben von Blau in Rot ändern. Cardiff City trug aber seit mehr als 100 Jahren blaue

Trikots. Nicht nur das, der Verein hatte auch einen blauen Vogel im Wappen, den Hüttensänger, der auf Englisch „Bluebird" heißt, weshalb der Spitzname des Klubs „Bluebirds" lautet.

Auch dazu hatte Tan eine Idee. Er wollte aus dem Vogel einen roten Drachen machen. Und warum das alles? Tan sagte, seine Glücksfarbe sei Rot, eine Farbe, die in Asien häufig mit Erfolg gleichgesetzt wird.

Die meisten Fans protestierten, aber Tan bekam seinen Willen. Er investierte 70 Millionen £ in den Klub, und Cardiff City spielte fortan in Rot.

Manche Anhänger waren so wütend, dass sie nicht mehr zu den Spielen gingen. Aber Tans Plan funktionierte, und Cardiff stieg in die Premier League auf.

Doch schon bald wendete sich das Blatt. Die Mannschaft gewann ganze sieben Spiele in der Premier League und beendete die Saison als Tabellenletzter. Sechs Monate nach dem Abstieg änderte Tan die Vereinsfarben wieder zu Blau und brachte den Vogel zurück ins Wappen. Er sagte, seine Mutter habe ihn an die Bedeutung von „Zusammenhalt, Einigkeit und Zufriedenheit" erinnert. Das Team gewann zwar nicht viele Spiele, dafür waren die Fans wieder glücklich.

VISIONEN IN BLAU

Cardiff City ist als die Bluebirds bekannt. Viele andere britische Klubs heißen einfach nur die Blues, also die Blauen:

Und auch manche National-
mannschaften

Frankreich
(Les Bleus)
Italien
(Azzurri)

Birmingham City
Chelsea
Everton
Ipswich Town
Shrewsbury Town
Southend United
Wycombe Wanderers

WEISS UND BLAU

Wie entscheiden Nationalmannschaften, welche Farben sie tragen? Die meisten tragen die Farben ihrer Landesflaggen. Dieser Trend begann bereits mit dem ersten Länderspiel überhaupt zwischen England und Schottland im Jahr 1872. England trug weiße Trikots, passend zur englischen Flagge, einem rotem Georgskreuz auf weißem Grund. Die Schotten trugen blaue Trikots, passend zur schottischen Flagge, einem Andreaskreuz auf blauem Grund. Beide Mannschaften tragen noch heute diese Farben. England trägt außerdem meistens blaue Hosen, dem Historiker David Barber zufolge, weil Blau die offizielle Farbe des englischen Fußballverbands war. Die drei Löwen im Wappen sind aus dem gleichen Grund blau. Aber wo bitte schön gibt's denn blaue Löwen?

ORANGE UND BLAU

Die Spielkleidung mancher Nationalmannschaften hat aber überhaupt nichts mit den Farben ihrer Nationalflaggen zu tun, was ganz schön verwirrend sein kann.

Die Flagge der Niederlande ist Rot, Weiß und Blau, aber die Nationalelf trägt Orange. Italiens Flagge ist Rot, Weiß und Grün, aber die Azzurri tragen Blau. Waren die Trikotdesigner etwa farbenblind? Ganz und gar nicht …

Beide Spielkleidungen verweisen auf frühere Herrscher. Im Falle der Niederlande ist das Wilhelm von Oranien, der 1568 eine Revolution gegen die spanischen Herrscher anführte, die zur Unabhängigkeit der Niederlande im Jahr 1648 führte. Wilhelm von Oranien ist zwar ein Nationalheld, doch kurioserweise liegt die Stadt Orange, auf die sein Name zurückgeht, hunderte Kilometer von den Niederlanden entfernt in Südfrankreich. Noch kurioser ist, dass dieses Orange rein gar nichts mit der gleichnamigen Farbe zu tun hat.

Die Stadt wurde von den alten Römern nach einem antiken Gott Arausio getauft, was im Laufe der Zeit zu „Orange" wurde. Die Niederländer haben sich also ein wenig künstlerische Freiheit herausgenommen!

Das Blau der italienischen Trikots stammt von einer der ältesten Adelsfamilien der Welt, dem Haus Savoyen, das von 1861 bis 1946 herrschte. Blau war ihre offizielle Farbe, während ihr Wappen, ein weißes Kreuz auf rotem Grund, auf dem Logo der Italiener bei der WM 1934 zu sehen war. Hier ein paar andere Länder, deren Trikotfarben nichts mit ihren Nationalflaggen zu tun haben:

LAND	KLEIDUNG	FLAGGE
Australien	grün-gold	blau-weiß-rot
Deutschland	weiß	schwarz-rot-gold
Indien	blau	orange-weiß-grün
Japan	blau	weiß-rot
Slowenien	grün-weiß	rot-weiß-blau

GUNTER BUNT

☆ KLASSEN BESTER

Alles paletti! 99 66

☆☆☆ STECKBRIEF

Grundfarben: 3
Farben im Malkasten: 24
Trikotsammlung: 342
Stifte auf dem Schreibtisch: 25
Geburtsort: Weißensee, Deutschland
Lieblingsverein: Rot-Weiß Erfurt
Lieblingsspieler: Raffael
Spezialität: schillernde Persönlichkeit

MODE-QUIZ

1. Welche Frucht wird mit der Trikotfarbe des FC Barcelona verbunden?

a) Ananas
b) Granatapfel
c) Himbeere
d) Mandarine

2. Wer wohnt im Weißen Haus?

a) die Queen
b) der Präsident der USA
c) der Cheftrainer der englischen Nationalelf
d) Cristiano Ronaldo

3. Was bedeutet „Albiceleste", der Spitzname der argentinischen Nationalmannschaft?

a) Pfirsich-Melba
b) guter Zweiter
c) mit Fruchtfleisch
d) Weiß-Himmelblau

4. Welcher italienische Klub lief 2013 auswärts in einem grün-grauen Tarnfarben-Trikot auf?

a) Bologna
b) Perugia
c) Neapel
d) Turin

5. Welche Torwart entwarf für die WM 1994 seine eigene knallbunte Spielkleidung?

a) Jorge Campos (Mexiko)
b) Cláudio Taffarel (Brasilien)
c) Bogdan Stelea (Rumänien)
d) Joseph-Antoine Bell (Kamerun)

INFORMATIK

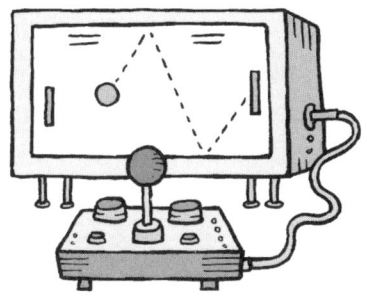

Profifußballer zu sein, ist oft echt langweilig. Man hat eine Menge Zeit und nichts zu tun. Man verbringt Stunden in Bussen und Flugzeugen auf dem Weg zu Spielen und hockt bei Auswärtsspielen und großen Turnieren stundenlang in Hotelzimmern. Kein Wunder also, dass Fußballer gerne Videospiele spielen. Alle Fußballer, mit denen wir sprachen, haben uns erzählt, dass sie so am besten entspannen und runterkommen. Und obwohl sie fast jeden Tag richtigen Fußball spielen, zocken sie am liebsten Videospiele, in denen es um Fußball geht.

In dieser Stunde lernen wir, was Computer sind und wie man Fußballer, mit all ihren individuellen Eigenarten, in Videospiel-Charaktere verwandelt.

Wir erfahren außerdem, wie Videospiele dich zu einem besseren Fußballer machen können. Dabei musst du allerdings vorsichtig sein – manchmal können sie sich auch negativ auf dein Spiel auswirken. Als er noch bei Inter Mailand war, zockte der schwedische Stürmer Zlatan Ibrahimović bisweilen zehn Stunden am Stück. Wir vermuten, das war einer der Gründe dafür, warum es mit seinen Leistungen bergab ging. Und als Englands ehemaliger Nationalkeeper David James einmal drei Tore in einem Spiel kassierte, machte er zu viel PlayStation dafür verantwortlich. „Ich habe es übertrieben damit und stundenlang vor der Kiste gehockt", sagte er.

ZAHLENSPIELE

Ein Computer ist eine elektronische Maschine, die Aufgaben ausführt, wenn man sie mit einem **Programm** oder einer Reihe von Befehlen füttert. Computer speichern Informationen. Dafür brauchen sie nur die Ziffern 0 und 1, die sogenannten binären Einheiten oder **Bits**. Eine Gruppe von acht Bits nennt man **Byte**.

Videospiele sind eine Form von Programm, das heißt also, dass sie aus Bytes bestehen. Die Information, die im Spiel *Football Manager* enthalten ist, beläuft sich auf mehr als ein Gigabyte, das sind eine Milliarde Bytes. Das sind eine Menge Nullen und Einsen.

Bei *Football Manager* bist du der Manager eines Klubs und wählst Computerversionen echter Spieler für dein Team aus. Dein Team tritt dann gegen andere Teams an. Anhand ihrer individuellen Stärken und Eigenarten entscheidest du, welche Spieler du auswählst.

Das Spannende daran ist, dass *Football Manager* sehr realistisch ist. Die Spieler bewegen sich ganz so, wie sie es im richtigen Leben tun. Um das zu erreichen, speichert das Programm jede Menge Informationen über die Spieler als eine Reihe von Zahlen, die dann in Bytes übersetzt werden.

Die Eigenschaften jedes Spielers werden auf einer Skala von 1 bis 20 bewertet. Insgesamt werden 250 Attribute bewertet, z. B.:

Abschluss, Aggressivität, Antizipation, Antritt, Ausdauer, Balance, Ballannahme, Beweglichkeit, Deckung, Dribbling, Ecken, Einsatzfreude, Entscheidungen, Flair, Flanken, Freistöße, Führungsqualitäten, Grundfitness, Kondition, Konzentration, Kopfball, Kraft, Mut, Nervenstärke, Passen, Schnelligkeit, Sprungkraft, Stellungsspiel, Tackling, Teamwork, Technik, Übersicht, Vielseitigkeit, Weitschüsse, Zielstrebigkeit.

Ganz schön lang, die Liste der Attribute, die einen guten Fußballer ausmachen.

Wenn dein Spieler in einem Match auf einen Gegner trifft, nutzt das Programm einen **Algorithmus** – ein Verfahren zur schrittweisen Umformung von Zahlenreihen –, der darüber entscheidet, was als

Nächstes passiert, indem er die Werte der beiden Spieler miteinander vergleicht.

Nach dem gleichen Schema funktionieren Match-Attax-Karten. Auf diesen Karten werden Spielern Werte in den folgenden Kategorien zugewiesen: Kopfball, Tackling, Pass, Technik, Speed, Schuss, Abwehr, Angriff. Wenn du zwei Spieler miteinander vergleichst, gewinnt derjenige mit dem höheren Wert in der relevanten Kategorie.

Football Manager vergleicht ebenfalls die Werte der Spieler, tut dies aber in mehr als 250 Kategorien, und das unmittelbar in jedem Moment des Spiels. Dadurch wirkt es so realistisch.

QUALITÄTSKONTROLLE

Damit *Football Manager* möglichst lebensecht ist, benötigt es die best-
möglichen Daten. Das Spiel arbeitet mit einem Netzwerk von 1.300
Scouts auf der ganzen Welt, die die leibhaftigen Spieler beobachten,
so dass sie sie möglichst genau auf der Skala von 1 bis 20 bewerten
können.

Spieler, die die Kapitänsbinde tragen und deren Mitspieler zu ihnen aufschauen, könnten z. B. eine 20 in der Kategorie Führungs-
kraft erhalten. Und falls einer so dick ist, dass er kaum den Hintern
hochkriegt, könnte ihm eine 1 in Sprungkraft winken. Aber manche
Qualitäten sind etwas schwieriger zu beurteilen. Wie bemisst man
Technik, Ehrgeiz, Herz oder Vielseitigkeit? Oder ob sie einen an der
Waffel haben?

Bei *Football Manager* werden Torhüter auch in puncto Exzentrizität bewertet. Es ist ein Klischee im Fußball, dass Torhüter ein bisschen verrückt sind. Viele herausragende Keeper sind besondere Typen, wie der Kolumbianer René Higuita, der den Skorpion-Kick erfand, oder auch Liverpool-Legende Bruce Grobbelaar, der im Europapokal-Finale 1984 die Gegner mit seinem Gehampel aus dem Konzept brachte. Hier ein paar besonders schräge Keeper.

NAME	LAND	MACKE
Fabien Barthez	Frankreich	ließ sich bei der **WM 1998** vor den Spielen von seinen Kollegen seine Glatze küssen
José Luis Chilavert	Paraguay	trat Freistöße und Elfmeter, wenn er nicht gerade das Tor hütete
Hugo Gatti	Argentinien	tätschelte Stürmern nach abgefangenen Flanken den Kopf
René Higuita	Kolumbien	erfand den Skorpion-Kick, bei dem er Bälle im Fliegen mit den Hacken abwehrte
Jens Lehmann	Deutschland	ging einmal hinter dem Tor pinkeln und lieh sich die Brille eines Fans

Verrücktester Torhüter

Schlechtester Eckenschießer

PROMINENTE FANS

Wenn Fußballprofis Videofußballspiele zocken, sind sie in der seltsamen Situation, Computer-Versionen ihrer selbst für ihre Mannschaften auswählen zu können.

Der französische Mittelfeldspieler Paul Pogba stand bei Juventus Turin unter Vertrag, als er sich bei *Football Manager* zum Cheftrainer des FC Chelsea machte. Eine seiner ersten Verpflichtungen war ein französischer Mittelfeldspieler namens … Paul Pogba! War das ein Hinweis darauf, dass er auch im richtigen Leben gerne nach London gewechselt wäre? Pogbas Team wurde öffentlich, als der französische Fußballverband auf seinem YouTube-Kanal ein Video einstellte, das Pogba beim *Football-Manager*-Zocken zeigte. Die Sache war ein bisschen peinlich für Pogba, denn er hatte Englands damaligen Kapitän John Terry aus der Mannschaft geworfen und nur drei seiner Kollegen von Juventus mit nach Chelsea geholt, um an seiner Seite zu spielen. Wie unangenehm!

Der norwegische Stürmer Ole Gunnar Solksjær, der für Manchester United im Champions-League-Finale 1999 gegen Bayern München traf, wollte immer Trainer werden. Zur Vorbereitung spielte er *Football Manager*, das ihm, wie er sagte, viel lehrte über junge Spieler und Management. Als er schließlich Trainer wurde in Molde, seinem Heimatverein in Norwegen, feierte er gleich in seinem ersten Jahr die Meisterschaft.

GEHIRNTRAINING

Videospiele machen Spaß – aber können sie dich zu einem besseren Fußballer machen?

Der Trainerstab von Manchester United glaubte es jedenfalls. Sie baten ihre Spieler, ein Spiel namens *NeuroTracker* zu spielen, bei dem acht Bälle auf dem Bildschirm herumhüpfen. Das Ziel ist, vier dieser Bälle zu folgen, ohne sich von den anderen ablenken zu lassen. Zu Beginn des Durchgangs wird dem Spieler mitgeteilt, welchen vier Bällen er folgen soll, und am Ende wird er aufgefordert, die vier Bälle anzuzeigen. Wenn er bei allen vieren richtig liegt, gibt's ein Sonderlob.

Das Spiel klingt ganz schön langweilig – keine Rennautos oder Kämpfe mit Monstern – aber es soll Konzentration, Fokussierung und räumliches Denken verbessern und das Reaktionsvermögen schärfen. Das sind alles Qualitäten, die von einem guten Spieler verlangt werden.

Wissenschaftler sind uneins darüber, ob Gehirntraining-Spiele wie dieses dich wirklich zu einem besseren Fußballer machen. Mag sein, dass solche Spiele Reaktionszeit und Motorik verbessern – und sie machen dich bestimmt besser darin, vier Bällen auf einem Bildschirm zu folgen. Aber ob dir das wirklich weiterhilft, wenn du vor 90.000 im Wembley spielst, sei mal dahingestellt.

IST DOCH NUR EIN SPIEL!

Einmal beschwerte sich ein Spieler der Premier League bei den Machern eines Videospiels, weil er seine Werte zu niedrig fand. Er meinte, dass die Stimmung in der Kabine darunter leiden würde. Aber der Videospiel-Hersteller blieb standhaft und änderte die Werte nicht. Er lag offenbar richtig: Die Mannschaft wurde Tabellenletzter und stieg ab.

Attribute	Wertung
Tackling	2
Schuss	8
Teamwork	5
Stöhnen	98
Meckern	100

JOY STICK

KLASSEN BESTER

Komm 66 99 spielen!

⭐⭐ STECKBRIEF

Facebook-Freunde: 121.395
Speicher: 1 Billion Gigabytes
Spannung: 24V
Tägliche Stunden Minecraft: 3,5
Geburtsort: Bitburg, Deutschland
Lieblingsverein: FC Remscheid
Lieblingsspielerin: Giulia Gwinn
Spezialität: schaltet schneller als alle anderen

INFORMATIK-QUIZ

1. Was ist ein Megabyte?

a) eine gefräßige Raupe
b) ein Riesenhamburger
c) etwas, was ein Hai macht
d) eine Million Bytes

2. Welches des folgenden Attribute ist nützlich für einen Fußballer?

a) Geruchssinn
b) Musikgeschmack
c) Loyalität
d) Tierliebe

3. Welcher Spieler spielte nachmittags drei Stunden an Computer, bevor er am Abend im WM-Finale traf?

a) Ronaldo (Brasilien, 2002)
b) Andrea Pirlo (Italien, 2006)
c) Andrés Iniesta (Spanien, 2010)
d) Mario Götze (Deutschland, 2014)

4. Welches Team unterstützt der Macher von *Football Manager* und hat es in der Vergangenheit gesponsert?

a) Watford
b) Arsenal
c) Chelsea
d) West Ham

5. Was war das Besondere am Videospiel *FIFA 2016*?

a) Man konnte die Frisuren der Spieler ändern.
b) Spieler konnten sich beim Torjubel verletzen.
c) In einem Spielsystem konnte man mit zehn Stürmern spielen.
d) Es gab erstmals auch Frauenmannschaften.

Fußball hat eine erstaunliche Fähigkeit, Menschen zusammenzubringen.

Du kannst z. B. Freunde finden, wenn du mit dem Ball im Park herumkickst. Oder wenn du jemanden kennenlernst, der Fan des gleichen Vereins ist wie du. Oder wenn während der WM das ganze Land vom Fußballfieber erfasst wird.

Aber Fußball kann die Menschen auch entzweien.

In dieser Stunde schauen wir uns an, wie das Spiel Länder verbinden, aber auch für Spannungen sorgen kann. Denn wenn zwei Länder aufeinandertreffen, handelt es sich manchmal nicht mehr einfach nur um ein Spiel, in dem elf gegen elf kicken. Im Mittelpunkt stehen die Hoffnungen und Ängste jeder Nation.

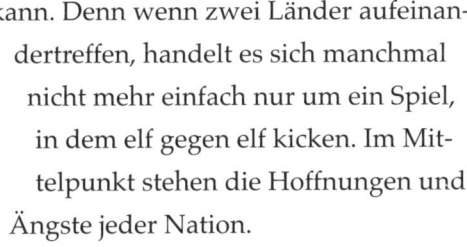

Angelegenheiten, bei denen es darum geht, wie Länder regiert werden und wie sie sich miteinander vertragen, nennen wir Politik. Fußball kann Einfluss auf die Politik haben – im Guten wie im Schlechten.

DER WEIHNACHTSFRIEDEN

Der Erste Weltkrieg dauerte von 1914 bis 1918. Beteiligt waren die damals mächtigsten Länder der Welt, aber auch viele andere, kleinere Nationen machten mit. Deutschland stand auf der einen Seite und auf der anderen Großbritannien, Frankreich und Russland.

Das zentrale Schlachtfeld in Europa bestand aus zwei Reihen von **Schützengräben**, die sich über mehrere hundert Kilometer nebeneinander erstreckten. Britische und französische Soldaten hockten in den Gräben auf der einen Seite und deutsche Soldaten hockten auf der anderen Seite. Zwischen diesen beiden Linien befand sich ein Gebiet namens **Niemandsland**, das von Stacheldraht durchzogen und an manchen Stellen nur ein paar Meter breit war. Soldaten, die sich ins Niemandsland wagten, wurden vom Feind sofort erschossen.

Das Leben in den Schützengräben war trostlos und gefährlich. Es war schmutzig und kalt, es gab Ratten, und ständig donnerten die Bomben und Kanonen. Im Dezember 1914 schickte die deutsche Oberste Heeresleitung Weihnachtsbäume an die Schützengräben,

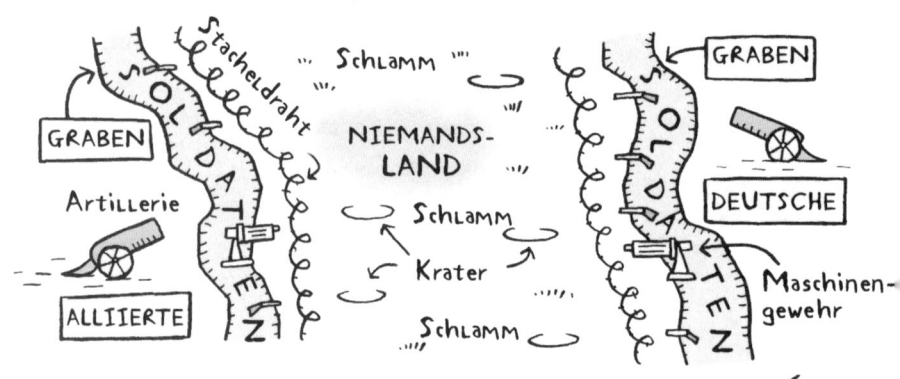

um die Soldaten aufzumuntern. Nicht weit entfernt vermissten auch die britischen Soldaten ihre Familien. Als die Deutschen das Weihnachtslied „Stille Nacht" sangen, wurden sie von einer Gruppe britischer Soldaten gehört. Sie applaudierten und baten um mehr.

Am Weihnachtstag 1914 geschah etwas Unglaubliches. In einigen der Gräben legten britische und deutsche Soldaten ihre Waffen nieder und gingen ins Niemandsland. Aber sie griffen sich nicht an. Stattdessen reichten sie sich die Hand, tauschten Geschenke aus und beschlossen, zusammen Fußball zu spielen. Die Spiele waren

chaotisch. Die Stiefel der Soldaten waren schwer, der Lederball war bald glitschig,
und als Pfosten dienten Mützen und Helme. Um die Ver-
wirrung komplett zu machen,
standen sich teilweise Teams
von jeweils 100 Mann gegenüber.

Nach der Weihnachtszeit kehrten
die Soldaten in ihre Gräben zurück, und der Krieg ging weiter wie
bisher. Am Ende des Krieges betrug die Zahl der gefallenen Soldaten
um die elf Millionen. Der Weihnachtsfrieden 1914 bedeutete einen
Moment des Miteinanders in einem der dunkelsten Kapitel der europäischen Geschichte. Als sie gegeneinander Fußball spielten, waren
die Briten und die Deutschen nicht Feinde, sondern Freunde.

SYMBOL DES FRIEDENS

Etwas Ähnliches passierte zwischen den USA und dem Iran bei der WM 1998 in Frankreich. Die Regierungen der USA und des Iran waren mal gut befreundet. Doch 1979 kam es im Iran zu einem Umsturz, und ein neues Regime übernahm die Herrschaft. Die neue iranische Führung mochte die USA nicht besonders.

Die beiden Länder standen sich von nun an feindselig und misstrauisch gegenüber. Sie kritisierten sich gegenseitig ohne Unterlass. Als sie bei der WM in die gleiche Gruppe gelost wurden, sorgten sich die Organisatoren der FIFA, dass das Spiel von schlechter Stimmung und Drohungen überschattet würde.

Glücklicherweise ging das Spiel, das in Frankreich ausgetragen wurde, friedlich über die Bühne. Die iranische Mannschaft überreichte jedem der amerikanischen Spieler vor dem Anpfiff einen Strauß weißer Rosen, ein Symbol des Friedens im Iran. Der Iran gewann das Spiel 2:1, aber das Ergebnis geriet beinahe zur Nebensache. „Wir haben in 90 Minuten mehr erreicht als die Politiker in 20 Jahren", meinte der US-Verteidiger Jeff Agoos.

Alles lief so gut, dass die beiden Länder 18 Monate später ein Freundschaftsspiel in Kalifornien austrugen. „In mancherlei Hinsicht war dieses Spiel noch bedeutsamer, denn es erforderte die Kooperation beider Seiten", sagte Mehrdad Masoudi, der vor dem WM-Spiel als eine Art Vermittler fungiert hatte. „Aber es konnte nur funktionieren, weil das Spiel in Frankreich 98 ein Erfolg war."

SÄBELRASSELN

Wir von der Fußballschule mögen keinen Krieg. Krieg ist eine hässliche Sache, bei der Menschen sich mit schrecklichen Folgen bekämpfen.

Trotzdem ist dir vielleicht aufgefallen, dass viele Begriffe und Phrasen, die wir benutzen, um über Fußball zu sprechen, denen ähneln, mit denen der Krieg beschrieben wird. Kommentatoren, Trainer und Spieler reden so viel über Gegner, Strategie und Siege, dass sie beinahe wie Generäle klingen:

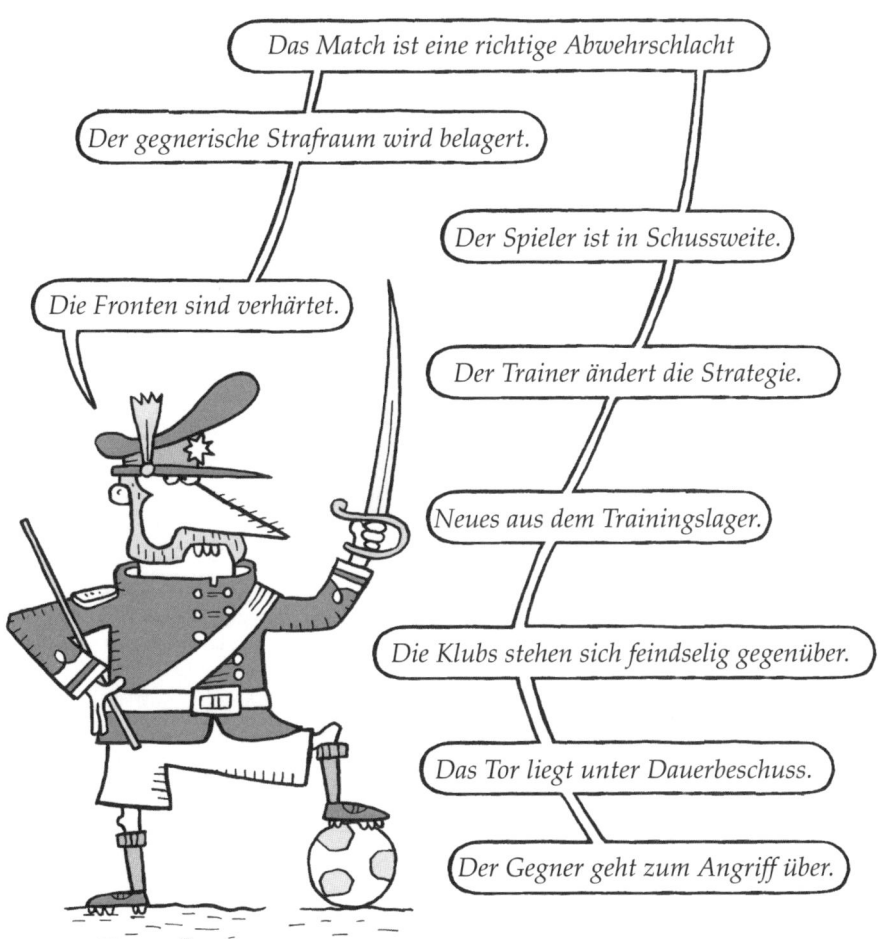

Das Match ist eine richtige Abwehrschlacht

Der gegnerische Strafraum wird belagert.

Der Spieler ist in Schussweite.

Die Fronten sind verhärtet.

Der Trainer ändert die Strategie.

Neues aus dem Trainingslager.

Die Klubs stehen sich feindselig gegenüber.

Das Tor liegt unter Dauerbeschuss.

Der Gegner geht zum Angriff über.

SPORTABZEICHEN

Eine weitere Parallele zwischen Fußball und Krieg ist, dass sowohl Fußballer als auch Soldaten spezielle Monturen tragen, um ihre Aufgabe zu erfüllen. Fußballer tragen Spielkleidung, und Soldaten tragen Uniformen und das aus weitgehend den gleichen Gründen:

UNIFORM	SPIELKLEIDUNG	ZWECK
Rüstung	Schienbeinschoner	Zum Schutz
Streifen am Arm	Armbinde	Zeichen von Autorität
Medaillen/Orden	Sterne für WM-Titel	Verweis auf frühere Erfolge
Rangabzeichen	Logo/Wappen	Kennzeichen des Teams/Regiments

Es gibt noch weitere Ähnlichkeiten zwischen Soldaten und Fußballern:

SOLDAT	FUSSBALLER	ZWECK
Wimpel/Schals	Wimpel/Schals	Zeichen von Loyalität
Flagge	Fahne	Zeichen von Loyalität
General im Unterstand	Trainer auf der Bank	gibt Befehle
Marschmusik	Fangesang	soll die Moral verbessern
Tier auf der Standarte	Tier im Wappen	Maskottchen, das es zu verteidigen gilt

Im internationalen Fußball wird die Verbindung zwischen Fußball und Krieg sogar noch deutlicher. Nationalmannschaften schüren starke Emotionen und können historische Abneigungen gegenüber anderen Ländern neu entfachen. In einem berühmten Fall waren drei WM-Qualifikationsspiele der Anlass für einen kurzen, aber blutigen Krieg.

DER FUSSBALLKRIEG

1969 trafen Honduras und El Salvador in der Qualifikation für die WM 1970 aufeinander. Die beiden Länder liegen in Mittelamerika und sind Nachbarn. Schon seit langem zofften sie sich wegen allerlei Kleinkram. Die drei Spiele machten alles noch schlimmer.

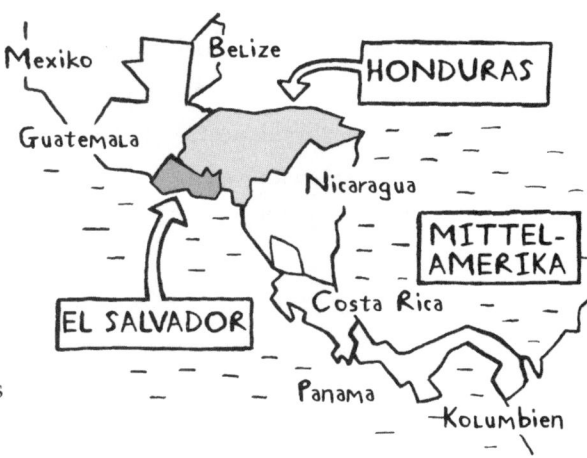

Das erste Spiel fand in Honduras statt. Zeitungen zufolge veranstalteten honduranische Fans einen Heidenlärm vor dem Hotel, um die Spieler aus El Salvador um den Schlaf zu bringen. Nach dem 1:0-Sieg von Honduras gerieten Fans im Stadion aneinander.

Beim Rückspiel in El Salvador war die Stimmung sogar noch aufgeladener. Die Salvadorianer zerschmetterten die Fenster des Hotels, in dem das honduranische Team abgestiegen war, und warfen rohe Eier und tote Ratten hinein. Fans hatten die honduranische Flagge verbrannt, und als die Nationalhymne gespielt wurde, wurde stattdessen ein dreckiges Geschirrtuch gehisst. Während des Spiels bezogen Soldaten mit Gewehren am Spielfeldrand Stellung. El Salvador gewann das Spiel 3:0, was Krawalle und ausgelassene Feiern in den Straßen nach sich zog.

Da beide Nationen je ein Spiel gewonnen hatten, musste ein Entscheidungsspiel her. Wegen der zunehmenden Gewalt zwischen den Fans beider Mannschaften wurde beschlossen, das Match in einem anderen

Land auszutragen: Mexiko. Das Spiel war umkämpft, El Salvador siegte in der Verlängerung mit 3:2.

Weniger als drei Wochen später befanden sich die beiden Länder im Krieg. Salvadorianische Flugzeuge bombardierten Honduras, und die salvadorianische Armee marschierte ein. Der Krieg dauerte vier Tage (bzw. 100 Stunden, daher auch der Name 100-Stunden-Krieg) und kostete 3.000 Menschen, größtenteils Zivilisten, das Leben.

Obwohl es bei dem Konflikt um Dinge wie Arbeitsplätze, Migration und Handel ging, war der Entschluss, in den Krieg zu ziehen, dem glühenden **Patriotismus** (der Liebe zum Land) geschuldet, den die Qualifikationsspiele entfacht hatten. Aus diesem Grund ist diese Episode als Fußballkrieg bekannt.

Bei der WM 1970 gewann El Salvador kein Spiel und schoss auch kein einziges Tor.

KAMPF FÜR DEN FRIEDEN

Aber Fußball kann auch Frieden bringen. Es ist Aufgabe der Politiker, ein Land zu führen – aber manchmal brauchen sie ein wenig Hilfe. An der Elfenbeinküste spielte Stürmer Didier Drogba eine wichtige Rolle dabei, einen Krieg zwischen rivalisierenden Lagern in seinem Land zu beenden. Drogba ist der bekannteste Fußballer seines Landes. Er war zweimal Afrikas Fußballer des Jahres und schoss 108 Tore für Chelsea.

MALI · Guinea-Bissau · GUINEA · BURKINA FASO · ATLANTIK · Sierra Leone · Liberia · Yamoussoukro · GHANA · WEST-AFRIKA · ELFENBEIN-KÜSTE

2002 tobte bereits seit fünf Jahren ein **Bürgerkrieg** an der Elfenbeinküste. Ein Bürgerkrieg bedeutet, dass Menschen aus dem gleichen Land sich bekämpfen. An der Elfenbeinküste kamen Hunderte, wenn nicht gar Tausende ums Leben. Doch 2005 qualifizierte sich das Land zum ersten Mal für ein WM-Turnier.

Im letzten Qualifikationsspiel für die WM 2006 setzte sich die Elfenbeinküste gegen den Sudan durch. Sobald der Schlusspfiff

ertönte, lagen sich die Spieler, die alle aus unterschiedlichen Regionen der Elfenbeinküste stammten, in den Armen, feierten miteinander und tanzten.

Drogba gab anschließend in der Kabine ein Live-Interview fürs Fernsehen. „Männer und Frauen der Elfenbeinküste, aus dem Norden, Süden, der Mitte und dem Westen", sagte er. „Wir haben heute bewiesen, dass alle Ivorer zusammenleben und für ein gemeinsames Ziel spielen können, nämlich die Qualifikation für die WM. Wir versprachen euch, dass die Feier das Volk vereinen würde."

Die Spieler gingen alle auf die Knie. Drogba, der aus dem Süden stammt, wurde von seinem Mitspieler aus dem Norden, Kolo Touré, umarmt. „Pardonnez!", sagte Drogba. Das bedeutet „Vergebt!" auf Französisch. „Pardonnez! Pardonnez! Bitte legt eure Waffen nieder. Haltet Wahlen ab. Alles wird besser werden."

Seine Worte trugen dazu bei, das ganze Land zu vereinen, und sorgten dafür, dass die verfeindeten Lager aufeinander zugingen. Anschließend arbeitete Drogba hinter den Kulissen über Monate daran, die Parteien zum Dialog zu bewegen.

„Drogba engagierte sich sehr für leise, aber erfolgreiche Verhandlungen", sagte ein Reporter über die Rolle, die der Fußball darin spielte, den Frieden nach Afrika zu bringen. „Er schaltete sich persönlich ein, um die verfeindeten Lager dazu zu bewegen, einem Friedensvertrag zuzustimmen."

Drogba sagte später: „Ich habe in meiner Karriere viele Titel geholt, aber nichts reicht daran heran, den Kampf um den Frieden in meinem Land gewonnen zu haben."

KLASSEN BESTE

☆

POLLY TICK

★★★★

99 **Wählt mich!** 66

☆☆☆ **STECKBRIEF**

Internationale Beziehungen: 8
Flaggensammlung: 136
Stimmen: 12 Millionen
Amtszeit: 4 Jahre
Geburtsort: Wahlstedt, Deutschland
Lieblingsverein: New England Revolution (USA)
Lieblingsspieler: Wer auch immer gerade Kapitän ist
Spezialität: Wickelt jeden Schiri ein
☆

POLITIK-QUIZ

1. An welchem besonderen Tag im Jahr 1914 legten britische und deutsche Soldaten die Waffen nieder, um Fußball zu spielen?

a) Neujahrstag
b) Ostersonntag
c) Weihnachtstag
d) Alex' Geburtstag

2. Welchen militärischen Begriff rufen Trainer häufig ihren Stürmern zu?

a) Stillgestanden!
b) Deckung!
c) Schießen!
d) Phalanx bilden!

3. In welchem Land wurde der Boss des größten Fußballklubs auch Präsident?

a) Argentinien
b) Deutschland
c) Russland
d) USA

4. Welches Team unterstützt Prinz William, der Präsident des englischen Fußballverbands?

a) Aston Villa
b) Crystal Palace
c) Queens Park Rangers
d) Newcastle United

5. Der Argentinier Diego Maradona behauptete, sein Tor gegen England bei der WM 1986 sei Gottes „Vergeltung" für den Falklandkrieg gewesen. Was benutzte „Gott", um das Tor zu erzielen?

a) den Kopf
b) den Fuß
c) die Hand
d) die Hacke

MUSIK

Ist es nicht schön, gemeinsam ein Liedchen zu singen? Auf jeden Fall macht es so noch mehr Spaß, ein Fußballspiel zu schauen.

Fußballgesänge sind so alt wie das Spiel selbst. Gesang bringt die Fans und die Mannschaft zusammen. Die Fans fühlen sich als Teil von etwas Größerem, und die Mannschaft fühlt sich unterstützt. Trainer sagen manchmal, dass der laute Gesang der Fans zum Sieg beigetragen habe. Schließlich sind Spieler auch nur Menschen und reagieren auf Anfeuerungen besser als auf Buhrufe. Stell dir vor, du würdest Fußball spielen und jemand buht dich aus, wann immer du den Ball berührst. Es fiele dir sicher schwer, dich zu konzentrieren.

In dieser Stunde erfahren wir, woher die Fußballgesänge stammen und warum wir sie singen. Wir werden sehen, dass sie in mancherlei Hinsicht wie antike griechische Dichtungen sind – wobei wir sie zum Glück nicht auf Griechisch vortragen müssen.

Wir werfen außerdem einen Blick auf die Nationalhymnen, die vor Spielen zwischen zwei Ländern gespielt werden. Nationalhymnen geben häufig den Charakter des ganzen Landes wieder, und die Fans lieben es, sie so laut wie möglich zu singen. Manchmal singen auch die Spieler mit. In der Fußballschule möchten wir, dass alle mitsingen, egal bei welchem Lied – in dieser Stunde wird es ein bisschen lauter zugehen!

FUSSBALL-FOLKLORE

Tausende von Fußball-Liedern sind im Laufe der Jahre geschrieben worden. Bei den Spielen zu singen ist heute ganz normal. Aber es gibt kein Komitee, das sich während eines Spiels zusammensetzt und entscheidet, welches Lied gesungen wird. Es gibt keinen auserwählten Songschreiber, der die witzigsten Weisen des Tages schreibt oder singt. Stattdessen steht jeder, der ein Lied zum Besten geben möchte, einfach auf und fängt an. Wenn andere Leute es mögen, stimmen sie mit ein.

Manche Leute sehen diese Lieder als eine Form der **Folklore**. Der frühere englische Hofdichter Andrew Motion, der von der Queen erkoren wurde, Gedichte für bedeutende Ereignisse zu verfassen (er schrieb über wichtige Themen wie Krieg, Mobbing und Klimawandel), bezeichnete Fußballgesänge als „riesiges Reservoir an Volksdichtung".

Volkslieder kennen normalerweise keinen Komponisten und werden durch Zuhören und Wiederholen von Person zu Person weitergegeben. Durch diese Art der Weitergabe fanden einige der ersten Gedichte der Welt Verbreitung. Die *Ilias* und die *Odyssee*, die vom antiken griechischen Dichter Homer verfasst worden sein sollen, sind fast 3.000 Jahre alt. Diese epischen Werke wurden ursprünglich nicht niedergeschrieben, sondern mündlich von Person zu Person weitergegeben, so wie manche der denkwürdigsten Fußball-Lieder.

Steht auf ... wenn ihr Homer mögt ...

RAN AN DEN BALL, CITY

Das älteste Fußball-Lied, das noch heute auf den Tribünen zu hören ist, wurde in den 1890er Jahren für eine lokale Betriebsmannschaft an der englischen Westküste geschrieben.

Es wurde zum offiziellen Song von Norwich City, als der Klub 1902 gegründet wurde. Heute, über 100 Jahre später, singen die Norwich-Fans das Lied noch immer vor jedem Spiel.

On the Ball, City
Kick it off,
Throw it in,
Have a little scrimmage,
Keep it low,
A splendid rush,
Bravo, win or die;
On the ball, City,
Never mind the danger,
Steady on,
Now's your chance,
Hurrah! We've scored a goal.
City, City, City.

Mitreißend, oder?

Das Wort „Scrimmage" bedeutet Gedränge. Es wird in verschiedenen Sportarten verwendet. Bekannt ist es vor allem aus dem Rugby, dem wir das Wort „scrum" verdanken, mit dem im Englischen auch ein Trainingsspiel bezeichnet wird.

WAS FÜR EINE MELODIE

Fußball bringt Menschen zusammen. Wenn du das gleiche Lied singst wie tausende andere Fans, fühlst du dich ihnen verbunden, auch wenn du sie nicht kennst. Deine Mannschaft zu unterstützen und anzufeuern, selbst wenn sie verliert, kann eine schöne Erfahrung sein. Die Melodien der Gesänge stammen oft von bekannten Liedern oder sind von aktuellen Popsongs abgekupfert.

BEKANNTE FUSSBALLGESÄNGE

Gesang: *„Steht auf, wenn ihr [Name der Stadt oder des Klubs] seid!"*

Gesungen von: Den Fans fast jeder europäischen Mannschaft

Originalsong: „Go West" von den Village People (1979)

Bedeutung: Der Originalsong sollte schwule Amerikaner animieren, nach San Francisco zu reisen, wo sie willkommen sein würden. 1993 hatten die Pet Shop Boys mit ihrer Version ebenfalls einen großen Erfolg mit dem Lied.

Gesang: *„Ein [Spielername], es gibt nur einen [Spielername] …"*

Gesungen von: Den Fans jeder Mannschaft über ihren Star

Originalsong: „Guantanamera" von Joseíto Fernández (1920er Jahre)

Bedeutung: Dieser kubanische Song handelt von einem Mann, der sich in eine Frau aus Guantánamo verliebt, nachdem sie ihm ein Steak-Sandwich gemacht hat. 1966 nahm die amerikanische Band The Sandpipers das Lied auf und landete einen internationalen Hit.

Gesang: *„You'll never walk alone …"*

Gesungen von: Den Fans von Liverpool, Celtic Glasgow, Borussia Dortmund, Club Brügge, Tokio u. a.

Originalsong: „You'll Never Walk Alone" von Rodgers und Hammerstein (1945)

Bedeutung: Das Lied erschien erstmals im Musical *Carousel*. Es wurde von einer Frau gesungen, die ihren Ehemann beweint, der auf der Flucht nach einem Raub auf sein eigenes Messer fällt und stirbt. Die Liverpooler Band Gerry and the Pacemakers nahm das Lied 1963 auf, und es wurde zur Hymne des FC Liverpool und zahlreicher anderer Vereine.

Fußball-Lieder können auch lustig sein. Die Fans des FC Cádiz aus Spanien singen „Schiri, du bist wunderschön!", um anders zu sein als alle anderen, die immer nur über die Schiris meckern. Humor ist ein wichtiger Teil von Fußball-

gesängen. Oft sind es die witzigsten Lieder, die auch die beliebtesten sind.

Das Team der Fußballschule braucht ebenfalls einen Song. Falls du Ideen hast, teile sie uns mit!

NATIONALHYMNEN

Vor Länderspielen singen die Mannschaften ihre **Nationalhymne**, ein Musikstück, das von den Menschen und der Regierung als offizielles Lied des Landes anerkannt wird.

Die allererste Nationalhymne brauchte eine Weile, bis sie sich durchsetzte. Sie wurde in den 1560er Jahren zu Ehren des niederländischen Fürsten Wilhelm von Oranien geschrieben und hieß „Het Wilhelmus" („Der Wilhelm"). Danach dauerte es 200 Jahre, bis die nächste Nationalhymne aufkam. Diese stammte aus England.

Die Hymne des Vereinigten Königreichs, „God Save the King" (bzw. Queen, je nachdem, wer gerade auf dem Thron sitzt), verbreitete sich 1745 und war so populär, dass Dutzende Länder – darunter Schweden, Deutschland und Russland – die gleiche Melodie nutzten, aber einen anderen Text sangen.

Achte mal darauf, wenn deine Nationalmannschaft gegen Liechtenstein spielt. Das kleine Fürstentum verwendet die Melodie bis heute für seine Hymne „Oben am jungen Rhein".

Die meisten Hymnen wurden erst in den 1920er Jahren offiziell. Heutige Hymnen lassen sich grob in fünf Kategorien einteilen:

Die meisten Fans singen vor einem Länderspiel gern die Nationalhymne, jedoch nicht alle Spieler. Manchmal bleiben sie stumm, um sich ihre Energie und Konzentration für das Spiel aufzuheben. Manche haben gar keine andere Wahl: Die spanische Hymne hat keinen Text. Die Hymnen von Uruguay und Argentinien haben lange Instrumentalpassagen, bevor der Text einsetzt. Da die FIFA aber nur 90 Sekunden für jede Hymne gestattet, singen die Spieler häufig die Worte zur falschen Melodie.

Manchmal werden Spieler dafür kritisiert, die Hymne nicht zu singen. Manche Leute meinen, es würde bedeuten, dass ihnen ihr Land egal ist. Die deutsche Mannschaft beispielsweise musste sich bei der WM 2010 Kritik gefallen lassen, weil sie die Hymne nicht gesungen hatte. Der damalige englische Trainer Roy Hodgson hielt seine Spieler bei der WM 2014 dazu an, in „God Save the Queen" einzustimmen. Sein Assistent Gary Neville allerdings hatte vor keinem einzigen seiner 85 Länderspiele gesungen, da er sich, wie er sagte, „stattdessen auf das Spiel konzentrierte". Geholfen hat es den Engländern freilich nicht: Sie mochten laut gesungen haben, gewannen jedoch kein einziges Spiel und fuhren als Gruppenletzter wieder nach Hause.

♪ NATIONALE EMOTIONEN

Die Liebe für sein Land nennt man Patriotismus, und eine Nationalhymne spielt dabei eine wichtige Rolle. Manche Länder sind jünger als andere, und ihre Hymnen können für ihre Fans sehr emotional sein. Als Jugoslawien 1991 in verschiedene Staaten zerfiel, bildeten sich Länder wie Kroatien, Slowenien, Mazedonien und Bosnien-Herzegowina, die alle ihre eigene Hymne hatten. Die Hymne von Bosnien-Herzegowina hat für einige Probleme gesorgt: Die Politiker des Landes konnten sich bislang nicht auf einen Text einigen, der alle zufriedenstellt, daher hat sie noch keinen. In manchen Ländern, in denen Konflikte herrschten, wie Ruanda und Irak, wurde mit Hymnen versucht, Spaltungen zu überwinden.

Fans jüngerer Nationen neigen dazu, ihren Patriotismus eifrig zur Schau zu stellen, und singen besonders laut und inbrünstig. Das liegt daran, dass die Mitglieder jüngerer Nationen ihr Land besonders lieben und dies auch zeigen wollen – so wie Ben, wenn er neue Turnschuhe hat.

Egal welches Team du unterstützt, wir raten dir, laut und stolz zu singen. Die Spieler wissen es zu schätzen, und auch dir wird es gefallen – selbst wenn deine Stimme klingt, als würde deine Oma schreien, wenn sie sich den Zeh gestoßen hat.

ALEX' UND BENS SONGBOOK
TOP 5 NATIONALHYMNEN

NACH TEXT

1. Senegal – „Zupft eure Koras, trommelt die Balafone"
2. Norwegen – „Ja, wir lieben dieses Land"
3. Bangladesch – „Mein goldenes Bengalen"
4. Honduras – „Deine Flagge ist ein himmlisches Licht"
5. Nepal – „Hunderte von Blumen"

NACH MELODIE

1. Italien – „Brüder Italiens"
2. Brasilien – „Brasilianische Nationalhymne"
3. Frankreich – „La Marseillaise"
4. Uruguay – „Nationalhymne"
5. USA – „The Star-Spangled Banner"

KATHI STROPHE

KLASSEN BESTE

,, Höher! ''

STECKBRIEF

Flüstert, bevor sie singt: „1, 2, 3, 4"

Stimmumfang: 9 Oktaven

Maximale Lautstärke: 100 Dezibel

Beats per minute: 120

Geburtsort: Freising, Deutschland

Lieblingsverein: Seattle Sounders (USA)

Lieblingsspieler: Alex Song

Spezialität: eine Meisterin des Doppelpasses

MUSIK-QUIZ

1. Die Niederlande haben die älteste Hymne der Welt. Sie heißt:

a) käsige Melodie
b) Blumen aus Amsterdam
c) Trallalala-Bum-Tata
d) Der Wilhelm

2. Wie heißt das offizielle Vereinslied von Schalke 04?

a) „Blau und Weiß, wie lieb ich dich"
b) „Schwarz und Gelb, wie lieb ich dich"
c) „Mer stonn zo dir"
d) „Eisern Union"

3. Welches ist das einzige Land der Welt, dessen Hymne vom Präsidenten mitverfasst wurde?

a) Kasachstan
b) Bolivien
c) Nordkorea
d) Swasiland

4. Was wünschte sich die Band Half Man Half Biscuit in ihrem Hit aus dem Jahr 1990 zu Weihnachten?

a) ein Auswärtstrikot von Racing Genk
b) ein Auswärtstrikot von Admira Wacker Wien
c) ein Auswärtstrikot von Dukla Prag
d) ein Auswärtstrikot von Skonto Riga

5. Wegen welcher Textzeile legte der FC Porto Beschwerde bei der UEFA ein, nachdem die Fans von Manchester City über deren Stürmer Hulk ein Lied angestimmt hatten?

a) „Du bist nicht unglaublich!"
b) „Du bist grün und du weißt es auch!"
c) „Steht auf, wenn ihr Hulk riechen könnt!"
d) „Wo ist dein Spiderman?"

PHYSIK

Fangen wir die letzte Stunde der Woche mit einer schlechten Nachricht an: Wir sind alle dem Untergang geweiht!

Die Zahl der Menschen auf der Erde nimmt zu, und uns geht der Platz für Wohnraum und den Anbau von Nahrungsmitteln aus. Irgendwann wird es zu eng für uns werden.

Nun die gute Nachricht: Da draußen wartet ein ganzes Universum darauf, erkundet zu werden.

Wir lassen die Fußballschule weit hinter uns und schauen, ob es möglich ist, auf dem Mars Fußball zu spielen.

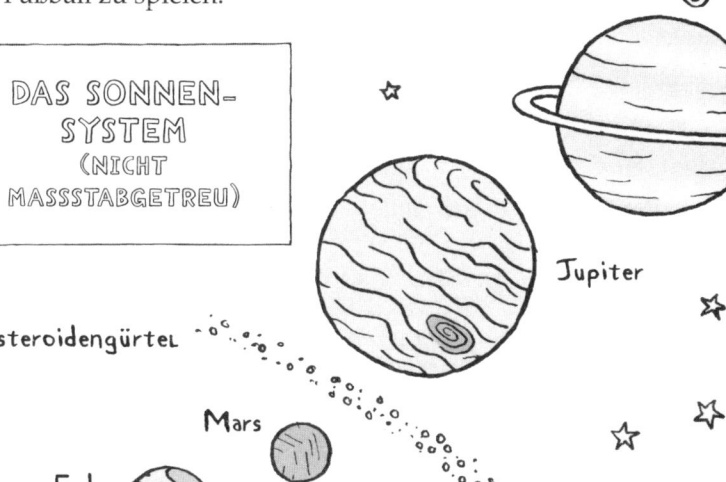

DAS SONNEN-
SYSTEM
(NICHT
MASSSTABGETREU)

Neptun

Uranus

Saturn

Jupiter

Asteroidengürtel

Mars

Erde

Venus

Merkur

Die Sonne

Der Mars ist der vierte Planet in unserem Sonnensystem und ein direkter Nachbar der Erde. Die Wissenschaftler sagen, er sei am ehesten geeignet, von Menschen besiedelt zu werden. Bist du bereit, den Roten Planeten zu besuchen? Fünf. Vier. Drei. Zwei. Eins. ZÜNDUNG!!!

KALT UND DUNKEL

Auf dem Mars zu leben, bringt einige Probleme mit sich. Zunächst mal ist es bitterkalt. Die durchschnittliche Temperatur beträgt minus 60 °C, wie im Winter am Südpol.

Zweitens ist nicht genug Sauerstoff in der Atmosphäre. Menschen brauchen Sauerstoff zum Atmen. Wenn wir also rauswollten, müssten wir die ganze Zeit Sauerstoffmasken tragen. Drittens gibt es auf dem Mars nur halb so viel Licht wie auf der Erde, da er weiter entfernt ist von der Sonne.

Aber das sind nur kleine Unannehmlichkeiten, die uns nicht davon abhalten würden, Fußball zu spielen – wenn nicht draußen, dann eben unter Flutlicht in der Halle.

WAS FÜR EINE ATMOSPHÄRE!

Fußball auf dem Mars würde aber ganz anders sein, als wir ihn von der Erde kennen. Das liegt an Gegebenheiten, die nicht zu ändern sind. Wenn du auf dem Mars einen Ball schießt, fliegt er viel höher und weiter als auf der Erde. Dafür gibt es zwei Gründe:

1. SCHWERKRAFT

Die Kraft, die dafür sorgt, dass Objekte auf den Boden fallen, nennt man **Schwerkraft**. Die Schwerkraft auf dem Mars beträgt nur etwa ein Drittel der Schwerkraft auf der Erde. Das liegt vor allem daran, dass der Mars kleiner und leichter ist als die Erde.

Wenn du auf dem Mars einen Ball fallen lässt, fällt er langsamer, als er es auf der Erde tun würde. Wenn du also auf dem Mars einen Ball schießt, fliegt er viel weiter als auf der Erde, bevor er zu Boden fällt, da er nicht so schnell hinuntergezogen wird.

Wenn du auf dem Mars einen Ball nach oben schießt, fliegt er außerdem viel höher. Wenn ein Torwart den Ball abschlägt, würde er den Ball locker aus dem Stadion schießen.

Die geringere Schwerkraft würde außerdem bedeuten, dass du dreimal so hoch springen könntest wie auf der Erde. Da machen Kopfbälle gleich viel mehr Spaß!

2. LUFTWIDERSTAND

Als Luft bezeichnen wir die unsichtbaren Gase, die die Erde umgeben. Diese Gase – vor allem Stickstoff und Sauerstoff – bestehen aus winzigen **Partikeln**. Aber was sind Partikel? Wedel einmal schnell mit der Hand, und du wirst einen Luftstrom spüren. Das ist das Gefühl, wenn Milliarden von Partikeln auf deine Hand treffen. Wenn ein Fußball sich durch die Luft bewegt, wird auch er einen Luftstrom erzeugen. Die Luftpartikel, die dem Ball im Weg sind, bremsen ihn ab. Diesen Effekt nennt man **Luftwiderstand**.

Auch auf dem Mars gibt es Luft – vor allem ein Gas namens Kohlendioxid –, aber sie ist rund 100-mal dünner als die Luft auf der Erde. Mit anderen Worten: Die Luft auf dem Mars hat viel weniger Partikel. Ein geschossener Ball würde weiter fliegen, weil es weniger Gaspartikel gibt, die ihn abbremsen.

KEINE BANANENFLANKEN

Der winzige Luftwiderstand auf dem Mars bedeutet außerdem, dass es dort unmöglich wäre, den Ball anzuschneiden, wenn du ihn trittst. Auf der Erde musst du den Ball anschneiden, damit er bei einem Freistoß oder einer Ecke einen Bogen beschreibt. Der rotierende Ball trifft auf die Luftpartikel, und dies sorgt für die gekrümmte Flugbahn. Wenn du jedoch den Ball auf dem Mars anschneidest, wird der rotierende Ball keinen Bogen beschreiben, weil es nicht genug Partikel gibt, auf die er trifft. Spieler, die für ihre Freistoßtechnik berühmt sind, würden auf dem Mars nichts reißen.

BERÜHMTE
FREISTOSSSCHÜTZEN
David Beckham (England)
Ronald Koeman (Niederlande)
Siniša Mihajlović (Serbien)
Juninho (Brasilien)
Andrea Pirlo (Italien)

FUSSBALL DER ZUKUNFT

Fußballspielen auf dem Mars wäre also gar nicht so einfach. Ein zukünftiger marsianischer Fußballverband müsste entscheiden, ob er die Probleme dadurch löst, indem er die Regeln des Spiels ändert.

Um zu gewährleisten, dass der Ball nicht so weit fliegt, müssten die Spieler lernen, ihn mit weniger Kraft als gewohnt zu schießen. Oder der Verband könnte schwerere Bälle einführen, die nicht so stark springen. Aber beides könnte dazu führen, dass die Spiele ganz schön langweilig wären.

Eine andere Möglichkeit wäre, das Spielfeld zu vergrößern, so dass die Spieler den Ball weiter schießen könnten. Doch das wäre doof für die Zuschauer, die Ferngläser mit zu den Spielen nehmen müssten, um sehen zu können, was passiert.

Fußball auf dem Mars ist möglich – aber es ist fraglich, ob die Marsbewohner solche Freude am Spiel hätten wie wir heute.

EIN ANDERER PLANET

Andere Planeten in unserem Sonnensystem bringen sogar noch größere Probleme für den Fußball mit sich als der Mars:

PLANET	HAUPTPROBLEM	AUSWIRKUNG
Venus	460 C	Ball schmilzt
Jupiter	Keine feste Oberfläche	Einsinken beim Laufen
Neptun	zu windig	Ball fliegt weg

VENUS SUPERNOVA

KLASSEN BESTER

99 Kosmisch 66

STECKBRIEF

Sprunghöhe: 3 Meter
Dicke des Trikots: 5 cm
Reisezeit zum Mars: 8 Monate
Lieblingsbelag: Astroturf
Geburtsort: Allmendingen, Deutschland
Lieblingsverein, Los Angeles Galaxy (USA)
Lieblingsspieler: Michael Sternkopf
Spezialität: in der Luft hängen

PHYSIK-QUIZ

1. Welcher Planet ist der Sonne am nächsten?

a) Saturn
b) Merkur
c) Venus
d) Jupiter

2. Was lässt sich mit der Schwerkraft erklären?

a) Warum dieses Buch zu Boden fällt, wenn du es fallen lässt.
b) Warum Eisennägel an einem Magneten festkleben.
c) Warum man auf dem Mars nicht atmen kann.
d) Warum Soße lecker ist.

3. Warum wird der Mars auch Roter Planet genannt?

a) Sein Entdecker war Fan von Manchester United.
b) Er ist sehr heiß.
c) Er ist von rotem Staub bedeckt.
d) Er schämt sich ein bisschen.

4. Für welche amerikanische Mannschaft spielte die deutsche Fußball-Legende Franz Beckenbauer?

a) Los Angeles Galaxy
b) Houston Dynamo
c) New York Cosmos
d) Colorado Comets

5. Welche kürzlich entdeckte Galaxie wurde nach einem Fußballer benannt?

a) Red Star 7, benannt nach Franck Ribéry
b) Cosmos Redshift 7, benannt nach Cristiano Ronaldo
c) Luminous Meteor 9 benannt nach Lionel Messi
d) Novo Golaço 9, benannt nach Neymar

Ich hatte viel Spaß und fühle mich jetzt viel klüger!
Wie ulkig, sieht man dir gar nicht an.
Pass auf, Bellinhos! Ich wette, ich schieße immer noch besser Elfmeter als du!
Wir werden sehen, ich freue mich drauf!
Weißt du, worauf ich mich freue?
Worauf denn?
Unser nächstes Fußballschule-Buch, das nächste Saison erscheint!
Super!
Bis dann, wir sehen uns!
BL
AB

QUIZ-LÖSUNGEN

BIOLOGIE
1. d
2. b
3. b
4. c
5. d

DEUTSCH
1. c
2. d
3. b
4. c
5. c

MATHE
1. a
2. c
3. c
4. a
5. b

ZOOLOGIE
1. c
2. a
3. c, Drache
4. a
5. b

SOZIALKUNDE
1. b
2. a
3. b
4. c
5. a

GESCHICHTE
1. b
2. c
3. c
4. a
5. a

PSYCHOLOGIE
1. b
2. b
3. b
4. c
5. b

WERKEN
1. c
2. d
3. b
4. a
5. c

ERDKUNDE
1. b
2. a
3. d
4. c
5. d

THEATER-AG
1. a
2. a
3. b
4. c
5. a

PHILOSOPHIE
1. a
2. a
3. c
4. c
5. a

FOTO-AG
1. a
2. c
3. c
4. b
5. c

WIRTSCHAFTSKUNDE
1. d
2. b
3. d c a b
4. a
5. d

MODE
1. b
2. b
3. d
4. c
5. a

INFORMATIK
1. d
2. c
3. b
4. a
5. d

POLITIK
1. c
2. c
3. a
4. a
5. c

MUSIK
1. d
2. a
3. a
4. c
5. a

PHYSIK
1. b
2. a
3. c
4. c
5. b

DANKSAGUNG

Auch die besten Teams sind auf die Unterstützung anderer Menschen angewiesen. Alex und Ben waren froh, den Zeichner Spike Gerrell zum Mitspieler zu haben – Spike, du bist ein Genie.

Wir hatten das Glück, dass Freunde, Angehörige und Experten bereit waren, auf viele verschiedene Weisen einen Beitrag zur Fußballschule zu leisten. Unsere Agenten Rebecca Carter und David Luxton standen uns stets mit Rat und Zuspruch zur Seite.

Wir hätten uns keine enthusiastischere, engagiertere und kreativere Mannschaft wünschen können als Walker Books. Es gibt nur eine Denise Johnstone-Burt, Daisy Jellicoe, Iree Pugh, Louise Jackson und Alice Primmer!

Wir danken den folgenden Personen für ihre Zeit und Expertise: Peter Alegi, Alan Ames, Tim Angel, David Barber, Rosa Bransky, Ciaran Brennan, Razvan Burleanu, Greg Cohen, Pete Etchells, Dion Fanning, Ian Forgacs, Tai Foster, James Hartnett, Eagle Heights, Stephen Hunt, Leigh Ireland, Miles Jacobson, Professor David James, Tom Jenkins, Simon Kuper, Andrew Lawn, Steve Lawrence, Mark Lyttleton, Robert MacNeice, Alex Marshall, Steve McNally, Don McPherson, Mark Miodownik, James Montague, Ben Oakley, Sarah Oakley, Sam Pilger, Josh Rattet, Adam Rutherford, Richard Sadlier, David Spiegelhalter, Alan Spurgeon, Luis Vidigal, David Winner.

Danke an unsere ursprünglichen Musterschüler: Dylan Auerbach, Joe Baden-Powell, Rafi und Zak Bartfeld, Maya und Joshie Greenslade, Thibaut Lyttleton und Saul und Gabriel Pardon.

Alex bedankt sich bei Ruth Shurman und Roman Pardon für ihre Hilfe bei der Ausarbeitung der Idee. Er hätte es nicht geschafft ohne Natalies Liebe und Aufmunterung und Zaks frühmorgendliche Weckrufe.

Ben bedankt sich außerdem bei Annie für ihre Inspiration und Unterstützung; und bei Clemmy und Bibi, den goldigsten Korrektoren, die man sich wünschen kann.

ÜBER DEINE TRAINER

Alex Bellos schreibt für den *Guardian* über Mathematik und ist der Autor der beiden populärwissenschaftlichen Bücher *Im Wunderland der Zahlen* und *Warum die Elf hat, was die Zehn nicht hat* sowie des mathematischen Malbuchs *Kristalle, Wellen, Dimensionen*. Außerdem schrieb er das Buch *Futebol. Fußball: Die brasilianische Kunst des Lebens*, das für das Sports Book of the Year nominiert war, und war Ghostwriter von Pelés erfolgreicher Autobiografie.

Ben Lyttleton ist Journalist, Rundfunksprecher und Fußballberater. Er ist Autor des Buchs *Elf Meter: Die Kunst des perfekten Strafstoßes*, und seine Fußballartikel wurden in mehr als 20 Ländern veröffentlicht. Er ist Direktor von Soccernomics, einem Beratungsunternehmen, das Fußballklubs hilft, ihre Leistungen zu optimieren.

UND DEINEN ZEICHNER

Spike Gerrell liebte es von klein auf, Fußball zu spielen und zu malen. Als Illustrator wird er heute dafür bezahlt, Bilder zu zeichnen. Im Herzen wird er aber immer auch ein zentraler Mittelfeldspieler bleiben.